T&P BOOKS

ARABO
VOCABOLARIO

PER STUDIO AUTODIDATTICO

ITALIANO-ARABO

Le parole più utili
Per ampliare il proprio lessico e affinare
le proprie abilità linguistiche

5000 parole

I0207957

Vocabolario Italiano-Arabo egiziano per studio autodidattico - 5000 parole

Di Andrey Taranov

I vocabolari T&P Books si propongono come strumento di aiuto per apprendere, memorizzare e revisionare l'uso di termini stranieri. Il dizionario si divide in vari argomenti che includono la maggior parte delle attività quotidiane, tra cui affari, scienza, cultura, ecc.

Il processo di apprendimento delle parole attraverso i dizionari divisi in liste tematiche della collana T&P Books offre i seguenti vantaggi:

- Le fonti d'informazione correttamente raggruppate garantiscono un buon risultato nella memorizzazione delle parole
- La possibilità di memorizzare gruppi di parole con la stessa radice (piuttosto che memorizzarle separatamente)
- Piccoli gruppi di parole facilitano il processo di apprendimento per associazione, utile al potenziamento lessicale
- Il livello di conoscenza della lingua può essere valutato attraverso il numero di parole apprese

Copyright © 2018 T&P Books Publishing

Tutti i diritti riservati. Nessuna parte del presente volume può essere riprodotta o trasmessa in qualsiasi forma o con qualsiasi mezzo elettronico, meccanico, fotocopie, registrazioni o riproduzioni senza l'autorizzazione scritta dell'editore.

T&P Books Publishing
www.tpbooks.com

ISBN: 978-1-78716-750-6

Questo libro è disponibile anche in formato e-book.
Visitate il sito www.tpbooks.com o le principali librerie online.

VOCABOLARIO ARABO EGIZIANO
per studio autodidattico

I vocabolari T&P Books si propongono come strumento di aiuto per apprendere, memorizzare e revisionare l'uso di termini stranieri. Il vocabolario contiene oltre 5000 parole di uso comune ordinate per argomenti.

- Il vocabolario contiene le parole più comunemente usate
- È consigliato in aggiunta ad un corso di lingua
- Risponde alle esigenze degli studenti di lingue straniere sia essi principianti o di livello avanzato
- Pratico per un uso quotidiano, per gli esercizi di revisione e di autovalutazione
- Consente di valutare la conoscenza del proprio lessico

Caratteristiche specifiche del vocabolario:

- Le parole sono ordinate secondo il proprio significato e non alfabeticamente
- Le parole sono riportate in tre colonne diverse per facilitare il metodo di revisione e autovalutazione
- I gruppi di parole sono divisi in sottogruppi per facilitare il processo di apprendimento
- Il vocabolario offre una pratica e semplice trascrizione fonetica per ogni termine straniero

Il vocabolario contiene 155 argomenti tra cui:

Concetti di Base, Numeri, Colori, Mesi, Stagioni, Unità di Misura, Abbigliamento e Accessori, Cibo e Alimentazione, Ristorante, Membri della Famiglia, Parenti, Personalità, Sentimenti, Emozioni, Malattie, Città, Visita Turistica, Acquisti, Denaro, Casa, Ufficio, Lavoro d'Ufficio, Import-export, Marketing, Ricerca di un Lavoro, Sport, Istruzione, Computer, Internet, Utensili, Natura, Paesi, Nazionalità e altro ancora ...

INDICE

Guida alla pronuncia 9
Abbreviazioni 11

CONCETTI DI BASE 12
Concetti di base. Parte 1 12

1. Pronomi 12
2. Saluti. Convenevoli. Saluti di congedo 12
3. Come rivolgersi 13
4. Numeri cardinali. Parte 1 13
5. Numeri cardinali. Parte 2 14
6. Numeri ordinali 15
7. Numeri. Frazioni 15
8. Numeri. Operazioni aritmetiche di base 15
9. Numeri. Varie 15
10. I verbi più importanti. Parte 1 16
11. I verbi più importanti. Parte 2 17
12. I verbi più importanti. Parte 3 18
13. I verbi più importanti. Parte 4 19
14. Colori 19
15. Domande 20
16. Preposizioni 21
17. Parole grammaticali. Avverbi. Parte 1 21
18. Parole grammaticali. Avverbi. Parte 2 23

Concetti di base. Parte 2 25

19. Giorni della settimana 25
20. Ore. Giorno e notte 25
21. Mesi. Stagioni 26
22. Unità di misura 28
23. Contenitori 28

ESSERE UMANO 30
Essere umano. Il corpo umano 30

24. Testa 30
25. Corpo umano 31

Abbigliamento e Accessori 32

26. Indumenti. Soprabiti 32
27. Men's & women's clothing 32

28. Abbigliamento. Biancheria intima 33
29. Copricapo 33
30. Calzature 33
31. Accessori personali 34
32. Abbigliamento. Varie 34
33. Cura della persona. Cosmetici 35
34. Orologi da polso. Orologio 36

Cibo. Alimentazione 37

35. Cibo 37
36. Bevande 38
37. Verdure 39
38. Frutta. Noci 40
39. Pane. Dolci 41
40. Pietanze cucinate 41
41. Spezie 42
42. Pasti 43
43. Preparazione della tavola 43
44. Ristorante 44

Famiglia, parenti e amici 45

45. Informazioni personali. Moduli 45
46. Membri della famiglia. Parenti 45

Medicinali 47

47. Malattie 47
48. Sintomi. Cure. Parte 1 48
49. Sintomi. Cure. Parte 2 49
50. Sintomi. Cure. Parte 3 50
51. Medici 51
52. Medicinali. Farmaci. Accessori 51

HABITAT UMANO 53
Città 53

53. Città. Vita di città 53
54. Servizi cittadini 54
55. Cartelli 55
56. Mezzi pubblici in città 56
57. Visita turistica 57
58. Acquisti 58
59. Denaro 59
60. Posta. Servizio postale 60

Abitazione. Casa 61

61. Casa. Elettricità 61

62. Villa. Palazzo 61
63. Appartamento 61
64. Arredamento. Interno 62
65. Biancheria da letto 63
66. Cucina 63
67. Bagno 64
68. Elettrodomestici 65

ATTIVITÀ UMANA 66
Lavoro. Affari. Parte 1 66

69. Ufficio. Lavorare in ufficio 66
70. Operazioni d'affari. Parte 1 67
71. Operazioni d'affari. Parte 2 68
72. Attività produttiva. Lavori 69
73. Contratto. Accordo 70
74. Import-export 71
75. Mezzi finanziari 71
76. Marketing 72
77. Pubblicità 72
78. Attività bancaria 73
79. Telefono. Conversazione telefonica 74
80. Telefono cellulare 74
81. Articoli di cancelleria 75
82. Generi di attività commerciali 75

Lavoro. Affari. Parte 2 78

83. Spettacolo. Mostra 78
84. Scienza. Ricerca. Scienziati 79

Professioni e occupazioni 80

85. Ricerca di un lavoro. Licenziamento 80
86. Gente d'affari 80
87. Professioni amministrative 81
88. Professioni militari e gradi 82
89. Funzionari. Sacerdoti 83
90. Professioni agricole 83
91. Professioni artistiche 84
92. Professioni varie 84
93. Attività lavorative. Condizione sociale 86

Istruzione 87

94. Scuola 87
95. Istituto superiore. Università 88
96. Scienze. Discipline 89
97. Sistema di scrittura. Ortografia 89
98. Lingue straniere 90

Ristorante. Intrattenimento. Viaggi 92

99. Escursione. Viaggio 92
100. Hotel 92

ATTREZZATURA TECNICA. MEZZI DI TRASPORTO 94
Attrezzatura tecnica 94

101. Computer 94
102. Internet. Posta elettronica 95
103. Elettricità 96
104. Utensili 96

Mezzi di trasporto 99

105. Aeroplano 99
106. Treno 100
107. Nave 101
108. Aeroporto 102

Situazioni quotidiane 104

109. Vacanze. Evento 104
110. Funerali. Sepoltura 105
111. Guerra. Soldati 105
112. Guerra. Azioni militari. Parte 1 107
113. Guerra. Azioni militari. Parte 2 108
114. Armi 109
115. Gli antichi 111
116. Il Medio Evo 112
117. Leader. Capo. Le autorità 113
118. Infrangere la legge. Criminali. Parte 1 114
119. Infrangere la legge. Criminali. Parte 2 115
120. Polizia. Legge. Parte 1 116
121. Polizia. Legge. Parte 2 117

LA NATURA 119
La Terra. Parte 1 119

122. L'Universo 119
123. La Terra 120
124. Punti cardinali 121
125. Mare. Oceano 121
126. Nomi dei mari e degli oceani 122
127. Montagne 123
128. Nomi delle montagne 124
129. Fiumi 124
130. Nomi dei fiumi 125
131. Foresta 125
132. Risorse naturali 126

La Terra. Parte 2 128

133. Tempo 128
134. Rigide condizioni metereologiche. Disastri naturali 129

Fauna 130

135. Mammiferi. Predatori 130
136. Animali selvatici 130
137. Animali domestici 131
138. Uccelli 132
139. Pesci. Animali marini 134
140. Anfibi. Rettili 134
141. Insetti 135

Flora 136

142. Alberi 136
143. Arbusti 136
144. Frutti. Bacche 137
145. Fiori. Piante 138
146. Cereali, granaglie 139

PAESI. NAZIONALITÀ 140

147. Europa occidentale 140
148. Europa centrale e orientale 140
149. Paesi dell'ex Unione Sovietica 141
150. Asia 141
151. America del Nord 142
152. America centrale e America del Sud 142
153. Africa 143
154. Australia. Oceania 143
155. Città 143

GUIDA ALLA PRONUNCIA

Alfabeto fonetico T&P	Esempio arabo egiziano	Esempio italiano
[a]	[ṭaffa] طفّى	macchia
[ā]	[eχtār] إختار	scusare
[e]	[setta] ستّة	meno, leggere
[i]	[minā'] ميناء	vittoria
[ī]	[ebrīl] إبريل	scacchi
[o]	[oɣosṭos] أغسطس	notte
[ō]	[ḥalazōn] حلزون	coordinare
[u]	[kalkutta] كلكتا	prugno
[ū]	[gamūs] جاموس	luccio
[b]	[bedāya] بداية	bianco
[d]	[sa'āda] سعادة	doccia
[ḍ]	[waḍ'] وضع	[d] faringale
[ʒ]	[arʒantīn] الأرجنتين	beige
[ẓ]	[ẓahar] ظهر	[z] faringale
[f]	[χafīf] خفيف	ferrovia
[g]	[bahga] بهجة	guerriero
[h]	[ettegāh] إتّجاه	[h] aspirate
[ḥ]	[ḥabb] حبّ	[h] faringale
[y]	[dahaby] ذهبي	New York
[k]	[korsy] كرسي	cometa
[l]	[lammaḥ] لمّح	saluto
[m]	[marṣad] مرصد	mostra
[n]	[ganūb] جنوب	novanta
[p]	[kaputʃino] كابتشينو	pieno
[q]	[wasaq] وثق	cometa
[r]	[roḥe] روح	ritmo, raro
[s]	[soχreya] سخرية	sapere
[ṣ]	[me'ṣam] معصم	[s] faringale
[ʃ]	['aʃā'] عشاء	ruscello
[t]	[tanūb] تنوب	tattica
[ṭ]	[χarīṭa] خريطة	[t] faringale
[θ]	[mamūθ] ماموث	Toscana (dialetto toscano)
[v]	[vietnām] فيتنام	volare
[w]	[wadda'] ودّع	week-end
[χ]	[baχīl] بخيل	[h] dolce
[ɣ]	[etɣadda] إتغدّى	simile gufo, gatto
[z]	[me'za] معزة	rosa

Alfabeto fonetico T&P	Esempio arabo egiziano	Esempio italiano
['] (ayn)	[sab'a] سبعة	fricativa faringale sonora
['] (hamza)	[sa'al] سأل	occlusiva glottidale sorda

ABBREVIAZIONI
usate nel vocabolario

Arabo egiziano. Abbreviazioni

du	-	sostantivo plurale (duale)
f	-	sostantivo femminile
m	-	sostantivo maschile
pl	-	plurale

Italiano. Abbreviazioni

agg	-	aggettivo
anim.	-	animato
avv	-	avverbio
cong	-	congiunzione
ecc.	-	eccetera
f	-	sostantivo femminile
f pl	-	femminile plurale
fem.	-	femminile
form.	-	formale
inanim.	-	inanimato
inform.	-	familiare
m	-	sostantivo maschile
m pl	-	maschile plurale
m, f	-	maschile, femminile
masc.	-	maschile
mil.	-	militare
pl	-	plurale
pron	-	pronome
qc	-	qualcosa
qn	-	qualcuno
sing.	-	singolare
v aus	-	verbo ausiliare
vi	-	verbo intransitivo
vi, vt	-	verbo intransitivo, transitivo
vr	-	verbo riflessivo
vt	-	verbo transitivo

CONCETTI DI BASE

Concetti di base. Parte 1

1. Pronomi

io	ana	أنا
tu (masc.)	enta	أنت
tu (fem.)	enty	أنت
lui	howwa	هوّ
lei	hiya	هيّ
noi	eḥna	إحنا
voi	antom	أنتم
loro	hamm	همّ

2. Saluti. Convenevoli. Saluti di congedo

Buongiorno!	assalamu ʿalaykum!	السلام عليكم!
Buongiorno! (la mattina)	ṣabāḥ el χeyr!	صباح الخير!
Buon pomeriggio!	neharak saʿīd!	نهارك سعيد!
Buonasera!	masāʾ el χeyr!	مساء الخير!
salutare (vt)	sallem	سلّم
Ciao! Salve!	ahlan!	أهلاً!
saluto (m)	salām (m)	سلام
salutare (vt)	sallem ʿala	سلّم على
Come sta? Come stai?	ezzayek?	ازّيك؟
Che c'è di nuovo?	aχbārak eyh?	أخبارك ايه؟
Arrivederci!	maʿ el salāma!	مع السلامة!
A presto!	aʃūfak orayeb!	أشوفك قريب!
Addio!	maʿ el salāma!	مع السلامة!
congedarsi (vr)	waddaʿ	ودّع
Ciao! (A presto!)	bay bay!	باي باي!
Grazie!	ʃokran!	شكراً!
Grazie mille!	ʃokran geddan!	شكراً جداً!
Prego	el ʿafw	العفو
Non c'è di che!	la ʃokr ʿala wāgeb	لا شكر على واجب
Di niente	el ʿafw	العفو
Scusa!	ʿan eznak!	عن إذنك!
Scusi!	baʿd ezn ḥadretak!	بعد إذن حضرتك!
scusare (vt)	ʿazar	عذر
scusarsi (vr)	eʿtazar	أعتذر

Chiedo scusa	ana 'āsef	أنا آسف
Mi perdoni!	ana 'āsef!	أنا آسف!
perdonare (vt)	'afa	عفا
per favore	men faḍlak	من فضلك
Non dimentichi!	ma tensāʃ!	ما تنساش!
Certamente!	ṭab'an!	طبعاً!
Certamente no!	la' ṭab'an!	لأ طبعاً!
D'accordo!	ettafa'na!	إتّفقنا!
Basta!	kefāya!	كفاية!

3. Come rivolgersi

signore	ya ostāz	يا أستاذ
signora	ya madām	يا مدام
signorina	ya 'ānesa	يا آنسة
signore	ya ostāz	يا أستاذ
ragazzo	yabny	يا ابني
ragazza	ya benty	يا بنتي

4. Numeri cardinali. Parte 1

zero (m)	ṣefr	صفر
uno	wāḥed	واحد
una	waḥda	واحدة
due	etneyn	إتنين
tre	talāta	ثلاثة
quattro	arba'a	أربعة
cinque	χamsa	خمسة
sei	setta	ستّة
sette	sab'a	سبعة
otto	tamanya	ثمانية
nove	tes'a	تسعة
dieci	'aʃara	عشرة
undici	ḥedāʃar	حداشر
dodici	etnāʃar	إتناشر
tredici	talattāʃar	تلاتّاشر
quattordici	arba'tāʃer	أربعتاشر
quindici	χamastāʃer	خمستاشر
sedici	settāʃar	ستّاشر
diciassette	saba'tāʃar	سبعتاشر
diciotto	tamantāʃar	تمنتاشر
diciannove	tes'atāʃar	تسعتاشر
venti	'eʃrīn	عشرين
ventuno	wāḥed we 'eʃrīn	واحد وعشرين
ventidue	etneyn we 'eʃrīn	إتنين وعشرين
ventitre	talāta we 'eʃrīn	ثلاثة وعشرين
trenta	talatīn	ثلاثين

trentuno	wāḥed we talatīn	واحد وتلاتين
trentadue	etneyn we talatīn	إتنين وتلاتين
trentatre	talāta we talatīn	ثلاثة وثلاثين
quaranta	arbeʿīn	أربعين
quarantuno	wāḥed we arbeʿīn	واحد وأربعين
quarantadue	etneyn we arbeʿīn	إتنين وأربعين
quarantatre	talāta we arbeʿīn	ثلاثة وأربعين
cinquanta	χamsīn	خمسين
cinquantuno	wāḥed we χamsīn	واحد وخمسين
cinquantadue	etneyn we χamsīn	إتنين وخمسين
cinquantatre	talāta we χamsīn	ثلاثة وخمسين
sessanta	settīn	ستّين
sessantuno	wāḥed we settīn	واحد وستّين
sessantadue	etneyn we settīn	إتنين وستّين
sessantatre	talāta we settīn	ثلاثة وستّين
settanta	sabʿīn	سبعين
settantuno	wāḥed we sabʿīn	واحد وسبعين
settantadue	etneyn we sabʿīn	إتنين وسبعين
settantatre	talāta we sabʿīn	ثلاثة وسبعين
ottanta	tamanīn	ثمانين
ottantuno	wāḥed we tamanīn	واحد وتمانين
ottantadue	etneyn we tamanīn	إتنين وتمانين
ottantatre	talāta we tamanīn	ثلاثة وثمانين
novanta	tesʿīn	تسعين
novantuno	wāḥed we tesʿīn	واحد وتسعين
novantadue	etneyn we tesʿīn	إتنين وتسعين
novantatre	talāta we tesʿīn	ثلاثة وتسعين

5. Numeri cardinali. Parte 2

cento	miya	ميّة
duecento	meteyn	ميتين
trecento	toltomiya	تلتميّة
quattrocento	robʿomiya	ربعميّة
cinquecento	χomsomiya	خمسميّة
seicento	sotomiya	ستميّة
settecento	sobʿomiya	سبعميّة
ottocento	tomnomeʾa	ثمنمئة
novecento	tosʿomiya	تسعميّة
mille	alf	ألف
duemila	alfeyn	ألفين
tremila	talat ʾālāf	ثلاث آلاف
diecimila	ʿaʃaret ʾālāf	عشرة آلاف
centomila	mīt alf	ميت ألف
milione (m)	millyon (m)	مليون
miliardo (m)	millyār (m)	مليار

6. Numeri ordinali

primo	awwel	أوّل
secondo	tāny	ثاني
terzo	tālet	ثالث
quarto	rābeʿ	رابع
quinto	χāmes	خامس
sesto	sādes	سادس
settimo	sābeʿ	سابع
ottavo	tāmen	ثامن
nono	tāseʿ	تاسع
decimo	ʿāʃer	عاشر

7. Numeri. Frazioni

frazione (f)	kasr (m)	كسر
un mezzo	noṣṣ	نصّ
un terzo	telt	ثلث
un quarto	robʿ	ربع
un ottavo	tomn	تمن
un decimo	ʿoʃr	عشر
due terzi	teleyn	تلتين
tre quarti	talātet arbāʿ	ثلاثة أرباع

8. Numeri. Operazioni aritmetiche di base

sottrazione (f)	ṭarḥ (m)	طرح
sottrarre (vt)	ṭaraḥ	طرح
divisione (f)	ʾesma (f)	قسمة
dividere (vt)	ʾasam	قسم
addizione (f)	gamʿ (m)	جمع
addizionare (vt)	gamaʿ	جمع
aggiungere (vt)	gamaʿ	جمع
moltiplicazione (f)	ḍarb (m)	ضرب
moltiplicare (vt)	ḍarab	ضرب

9. Numeri. Varie

cifra (f)	raqam (m)	رقم
numero (m)	ʿadad (m)	عدد
numerale (m)	ʿadady (m)	عددي
meno (m)	nāʾeṣ (m)	ناقص
più (m)	zāʾed (m)	زائد
formula (f)	moʿadla (f)	معادلة
calcolo (m)	ḥesāb (m)	حساب
contare (vt)	ʿadd	عدّ

calcolare (vt)	ḥasab	حسب
comparare (vt)	qāran	قارن
Quanto? Quanti?	kām?	كام؟
somma (f)	magmūʿ (m)	مجموع
risultato (m)	natīga (f)	نتيجة
resto (m)	bā'y (m)	باقي
qualche …	kām	كام
un po' di …	ʃewaya	شوية
resto (m)	el bā'y (m)	الباقي
uno e mezzo	wāḥed w noṣṣ (m)	واحد ونصّ
dozzina (f)	desta (f)	دستة
in due	le noṣṣeyn	لنصّين
in parti uguali	bel tasāwy	بالتساوى
metà (f), mezzo (m)	noṣṣ (m)	نصّ
volta (f)	marra (f)	مرّة

10. I verbi più importanti. Parte 1

accorgersi (vr)	lāḥaẓ	لاحظ
afferrare (vt)	mesek	مسك
affittare (dare in affitto)	est'gar	إستأجر
aiutare (vt)	sāʿed	ساعد
amare (qn)	ḥabb	حبّ
andare (camminare)	meʃy	مشى
annotare (vt)	katab	كتب
appartenere (vi)	χaṣṣ	خصّ
aprire (vt)	fataḥ	فتح
arrivare (vi)	weṣel	وصل
aspettare (vt)	estanna	إستنّى
avere (vt)	malak	ملك
avere fame	ʿāyez 'ākol	عايز آكل
avere fretta	estaʿgel	إستعجل
avere paura	χāf	خاف
avere sete	ʿāyez aʃrab	عايز أشرب
avvertire (vt)	ḥazzar	حذّر
cacciare (vt)	eṣṭād	اصطاد
cadere (vi)	we'eʿ	وقع
cambiare (vt)	ɣayar	غيّر
capire (vt)	fehem	فهم
cenare (vi)	etʿasʃa	إتعشّى
cercare (vt)	dawwar ʿala	دوّر على
cessare (vt)	baṭṭal	بطّل
chiedere (~ aiuto)	estaɣās	إستغاث
chiedere (domandare)	sa'al	سأل
cominciare (vt)	bada'	بدأ
comparare (vt)	qāran	قارن

confondere (vt)	etlaχbaṭ	إتلخبط
conoscere (qn)	ʿeref	عرف
conservare (vt)	ḥafaẓ	حفظ
consigliare (vt)	naṣaḥ	نصح
contare (calcolare)	ʿadd	عدّ
contare su ...	eʿtamad ʿala ...	إعتمد على...
continuare (vt)	wāṣel	واصل
controllare (vt)	et-ḥakkem	إتحكّم
correre (vi)	gery	جري
costare (vt)	kallef	كلّف
creare (vt)	ʿamal	عمل
cucinare (vi)	ḥaḍḍar	حضّر

11. I verbi più importanti. Parte 2

dare (vt)	edda	إدّى
dare un suggerimento	edda lamḥa	إدّى لمحة
decorare (adornare)	zayen	زين
difendere (~ un paese)	dāfaʿ	دافع
dimenticare (vt)	nesy	نسي
dire (~ la verità)	ʾāl	قال
dirigere (compagnia, ecc.)	adār	أدار
discutere (vt)	nāʾeʃ	ناقش
domandare (vt)	ṭalab	طلب
dubitare (vi)	ʃakk fe	شكّ في
entrare (vi)	daχal	دخل
esigere (vt)	ṭāleb	طالب
esistere (vi)	kān mawgūd	كان موّجود
essere (vi)	kān	كان
essere d'accordo	ettafaʾ	إتّفق
fare (vt)	ʿamal	عمل
fare colazione	feṭer	فطر
fare il bagno	sebeḥ	سبح
fermarsi (vr)	waʾʾaf	وقّف
fidarsi (vr)	wasaq	وثق
finire (vt)	χallaṣ	خلّص
firmare (~ un documento)	waqqaʿ	وقّع
giocare (vi)	leʿeb	لعب
girare (~ a destra)	ḥād	حاد
gridare (vi)	ṣarraχ	صرّخ
indovinare (vt)	χammen	خمّن
informare (vt)	ʾāl ly	قال لي
ingannare (vt)	χadaʿ	خدع
insistere (vi)	aṣarr	أصرّ
insultare (vt)	ahān	أهان
interessarsi di ...	ehtamm be	إهتمّ بـ

invitare (vt)	ʿazam	عزم
lamentarsi (vr)	ʃaka	شكا
lasciar cadere	wa''aʿ	وقّع
lavorare (vi)	eʃtaɣal	إشتغل
leggere (vi, vt)	ʾara	قرأ
liberare (vt)	ḥarrar	حرّر

12. I verbi più importanti. Parte 3

mancare le lezioni	ɣāb	غاب
mandare (vt)	arsal	أرسل
menzionare (vt)	zakar	ذكر
minacciare (vt)	hadded	هدّد
mostrare (vt)	warra	ورّى
nascondere (vt)	χabba	خبّأ
nuotare (vi)	ʿām	عام
obiettare (vt)	eʿtaraḍ	إعترض
occorrere (vimp)	maṭlūb	مطلوب
ordinare (~ il pranzo)	ṭalab	طلب
ordinare (mil.)	amar	أمر
osservare (vt)	rāqab	راقب
pagare (vi, vt)	dafaʿ	دفع
parlare (vi, vt)	kallem	كلّم
partecipare (vi)	ʃārek	شارك
pensare (vi, vt)	fakkar	فكّر
perdonare (vt)	ʿafa	عفا
permettere (vt)	samaḥ	سمح
piacere (vi)	ʿagab	عجب
piangere (vi)	baka	بكى
pianificare (vt)	χaṭṭeṭ	خطّط
possedere (vt)	malak	ملك
potere (v aus)	ʾeder	قدر
pranzare (vi)	etɣadda	إتغدّى
preferire (vt)	faḍḍal	فضّل
pregare (vi, vt)	ṣalla	صلّى
prendere (vt)	aχad	أخد
prevedere (vt)	tanabbaʾ	تنبّأ
promettere (vt)	waʿad	وعد
pronunciare (vt)	naṭaʾ	نطق
proporre (vt)	ʿaraḍ	عرض
punire (vt)	ʿāqab	عاقب
raccomandare (vt)	naṣaḥ	نصح
ridere (vi)	ḍeḥek	ضحك
rifiutarsi (vr)	rafaḍ	رفض
rincrescere (vi)	nedem	ندم
ripetere (ridire)	karrar	كرّر
riservare (vt)	ḥagaz	حجز

rispondere (vi, vt)	gāwab	جاوب
rompere (spaccare)	kasar	كسر
rubare (~ i soldi)	sara'	سرق

13. I verbi più importanti. Parte 4

salvare (~ la vita a qn)	anqaz	أنقذ
sapere (vt)	'eref	عرف
sbagliare (vi)	ɣeleṭ	غلط
scavare (vt)	ḥafar	حفر
scegliere (vt)	eχtār	إختار
scendere (vi)	nezel	نزل
scherzare (vi)	hazzar	هزّر
scrivere (vt)	katab	كتب
scusarsi (vr)	e'tazar	إعتذر
sedersi (vr)	'a'ad	قعد
seguire (vt)	tatabba'	تتبّع
sgridare (vt)	wabbeχ	وبّخ
significare (vt)	'aṣad	قصد
sorridere (vi)	ebtasam	إبتسم
sottovalutare (vt)	estaχaff	إستخفّ
sparare (vi)	ḍarab bel nār	ضرب بالنار
sperare (vi, vt)	tamanna	تمنّى
spiegare (vt)	ʃaraḥ	شرح
studiare (vt)	daras	درس
stupirsi (vr)	etfāge'	إتفاجئ
tacere (vi)	seket	سكت
tentare (vt)	ḥāwel	حاول
toccare (~ con le mani)	lamas	لمس
tradurre (vt)	targem	ترجم
trovare (vt)	la'a	لقى
uccidere (vt)	'atal	قتل
udire (percepire suoni)	seme'	سمع
unire (vt)	waḥḥed	وحّد
uscire (vi)	χarag	خرج
vantarsi (vr)	tabāha	تباهى
vedere (vt)	ʃāf	شاف
vendere (vt)	bā'	باع
volare (vi)	ṭār	طار
volere (desiderare)	'āyez	عايز

14. Colori

colore (m)	lone (m)	لون
sfumatura (f)	daraget el lōn (m)	درجة اللون
tono (m)	ṣabɣet lōn (f)	صبغة اللون

arcobaleno (m)	qose qozaḥ (m)	قوس قزح
bianco (agg)	abyaḍ	أبيض
nero (agg)	aswad	أسود
grigio (agg)	romādy	رمادي
verde (agg)	aχḍar	أخضر
giallo (agg)	aṣfar	أصفر
rosso (agg)	aḥmar	أحمر
blu (agg)	azra'	أزرق
azzurro (agg)	azra' fāteḥ	أزرق فاتح
rosa (agg)	wardy	وردي
arancione (agg)	bortoqāly	برتقالّي
violetto (agg)	banaffsegy	بنفّسجي
marrone (agg)	bonny	بنّي
d'oro (agg)	dahaby	ذهبي
argenteo (agg)	feḍḍy	فضّي
beige (agg)	bɛ:ʒ	بيج
color crema (agg)	'āgy	عاجّي
turchese (agg)	fayrūzy	فيروزي
rosso ciliegia (agg)	aḥmar karazy	أحمر كرزي
lilla (agg)	laylaky	ليّلكي
rosso lampone (agg)	qormozy	قرمزي
chiaro (agg)	fāteḥ	فاتح
scuro (agg)	ɣāme'	غامق
vivo, vivido (agg)	zāhy	زاهي
colorato (agg)	melawwen	ملوّن
a colori	melawwen	ملوّن
bianco e nero (agg)	abyaḍ we aswad	أبيض وأسوّد
in tinta unita	sāda	سادة
multicolore (agg)	mota'added el alwān	متعددّ الألوان

15. Domande

Chi?	mīn?	مين؟
Che cosa?	eyh?	ايه؟
Dove? (in che luogo?)	feyn?	فين؟
Dove? (~ vai?)	feyn?	فين؟
Di dove?, Da dove?	meneyn?	منين؟
Quando?	emta	امتى؟
Perché? (per quale scopo?)	'aʃān eyh?	عشان ايه؟
Perché? (per quale ragione?)	leyh?	ليه؟
Per che cosa?	l eyh?	لـ ليه؟
Come?	ezāy?	إزاي؟
Che? (~ colore è?)	eyh?	ايه؟
Quale?	ayī?	أيّ؟
A chi?	le mīn?	لمين؟
Di chi?	'an mīn?	عن مين؟

Di che cosa?	'an eyh?	عن ايه؟
Con chi?	ma' mīn?	مع مين؟
Quanti?, Quanto?	kām?	كام؟
Di chi?	betā'et mīn?	بتاعت مين؟

16. Preposizioni

con (tè ~ il latte)	ma'	مع
senza	men ɣeyr	من غير
a (andare ~ ...)	ela	إلى
di (parlare ~ ...)	'an	عن
prima di ...	'abl	قبل
di fronte a ...	'oddām	قدّام
sotto (avv)	taḥt	تحت
sopra (al di ~)	fo'e	فوق
su (sul tavolo, ecc.)	'ala	على
da, di (via da ..., fuori di ...)	men	من
di (fatto ~ cartone)	men	من
fra (~ dieci minuti)	ba'd	بعد
attraverso (dall'altra parte)	men 'ala	من على

17. Parole grammaticali. Avverbi. Parte 1

Dove?	feyn?	فين؟
qui (in questo luogo)	hena	هنا
lì (in quel luogo)	henāk	هناك
da qualche parte (essere ~)	fe makānen ma	في مكان ما
da nessuna parte	meʃ fi ayī makān	مش في أيّ مكان
vicino a ...	ganb	جنب
vicino alla finestra	ganb el ʃebbāk	جنب الشبّاك
Dove?	feyn?	فين؟
qui (vieni ~)	hena	هنا
ci (~ vado stasera)	henāk	هناك
da qui	men hena	من هنا
da lì	men henāk	من هناك
vicino, accanto (avv)	'arīb	قريب
lontano (avv)	be'īd	بعيد
vicino (~ a Parigi)	'and	عند
vicino (qui ~)	'arīb	قريب
non lontano	meʃ be'īd	مش بعيد
sinistro (agg)	el ʃemāl	الشمال
a sinistra (rimanere ~)	'alal ʃemāl	على الشمال
a sinistra (girare ~)	lel ʃemāl	للشمال

destro (agg)	el yemīn	اليمين
a destra (rimanere ~)	ʿalal yemīn	على اليمين
a destra (girare ~)	lel yemīn	لليمين
davanti	ʾoddām	قدّام
anteriore (agg)	amāmy	أمامي
avanti	ela el amām	إلى الأمام
dietro (avv)	waraʾ	وراء
da dietro	men wara	من ورّا
indietro	le wara	لورّا
mezzo (m), centro (m)	wasaṭ (m)	وسط
in mezzo, al centro	fel wasat	في الوسط
di fianco	ʿala ganb	على جنب
dappertutto	fe kol makān	في كل مكان
attorno	ḥawaleyn	حوالين
da dentro	men gowwah	من جوّه
da qualche parte (andare ~)	le ʾayī makān	لأي مكان
dritto (direttamente)	ʿala ṭūl	على طول
indietro	rogūʿ	رجوع
da qualsiasi parte	men ayī makān	من أيّ مكان
da qualche posto (veniamo ~)	men makānen mā	من مكان ما
in primo luogo	awwalan	أوّلاً
in secondo luogo	sāneyan	ثانياً
in terzo luogo	sālesan	ثالثاً
all'improvviso	fagʾa	فجأة
all'inizio	fel bedāya	في البداية
per la prima volta	le ʾawwel marra	لأوّل مرّة
molto tempo prima di...	ʾabl … be modda ṭawīla	قبل... بمدة طويلة
di nuovo	men gedīd	من جديد
per sempre	lel abad	للأبد
mai	abadan	أبداً
ancora	tāny	تاني
adesso	delwaʾty	دلوقتي
spesso (avv)	ketīr	كثير
allora	waʾtaha	وقتها
urgentemente	ʿala ṭūl	على طول
di solito	ʿādatan	عادةً
a proposito, …	ʿala fekra …	على فكرة...
è possibile	momken	ممكن
probabilmente	momken	ممكن
forse	momken	ممكن
inoltre …	bel eḍāfa ela …	بالإضافة إلى...
ecco perché …	ʿaʃān keda	عشان كده
nonostante (~ tutto)	bel raɣm men …	بالرغم من...
grazie a …	be faḍl …	بفضل...
che cosa (pron)	elly	إللي

che (cong)	ennu	إنّه
qualcosa (qualsiasi cosa)	ḥāga (f)	حاجة
qualcosa (le serve ~?)	ayī ḥāga (f)	أيّ حاجة
niente	wala ḥāga	ولا حاجة
chi (pron)	elly	إللي
qualcuno (annuire a ~)	ḥadd	حدّ
qualcuno (dipendere da ~)	ḥadd	حدّ
nessuno	wala ḥadd	ولا حدّ
da nessuna parte	meʃ le wala makān	مش لـ ولا مكان
di nessuno	wala ḥadd	ولا حدّ
di qualcuno	le ḥadd	لحدّ
così (era ~ arrabbiato)	geddan	جداً
anche (penso ~ a ...)	kamān	كمان
anche, pure	kamān	كمان

18. Parole grammaticali. Avverbi. Parte 2

Perché?	leyh?	ليه؟
per qualche ragione	le sabeben ma	لسبب ما
perché ...	ʿaʃān ...	عشان ...
per qualche motivo	le hadafen mā	لهدف ما
e (cong)	w	و
o (sì ~ no?)	walla	ولّا
ma (però)	bass	بسّ
per (~ me)	ʿaʃān	عشان
troppo	ketīr geddan	كتير جدّاً
solo (avv)	bass	بسّ
esattamente	bel ḍabṭ	بالضبط
circa (~ 10 dollari)	naḥw	نحو
approssimativamente	naḥw	نحو
approssimativo (agg)	taqrīby	تقريبي
quasi	ta'rīban	تقريباً
resto	el bā'y (m)	الباقي
ogni (agg)	koll	كلّ
qualsiasi (agg)	ayī	أيّ
molti, molto	ketīr	كتير
molta gente	nās ketīr	ناس كتير
tutto, tutti	koll el nāṣ	كلّ الناس
in cambio di ...	fi moqābel ...	... في مقابل
in cambio	fe moqābel	في مقابل
a mano (fatto ~)	bel yad	باليد
poco probabile	bel kād	بالكاد
probabilmente	momken	ممكن
apposta	bel 'aṣd	بالقصد
per caso	bel ṣodfa	بالصدفة

molto (avv)	ʾawy	قوّي
per esempio	masalan	مثلاً
fra (~ due)	beyn	بين
fra (~ più di due)	wesṭ	وسط
tanto (quantità)	ketīr	كتير
soprattutto	χāṣṣa	خاصّة

Concetti di base. Parte 2

19. Giorni della settimana

lunedì (m)	el etneyn (m)	الإتنين
martedì (m)	el talāt (m)	التلات
mercoledì (m)	el arbe'ā' (m)	الأربعاء
giovedì (m)	el χamīs (m)	الخميس
venerdì (m)	el gom'a (m)	الجمعة
sabato (m)	el sabt (m)	السبت
domenica (f)	el aḥad (m)	الأحد
oggi (avv)	el naharda	النهارده
domani	bokra	بكرة
dopodomani	ba'd bokra (m)	بعد بكرة
ieri (avv)	embāreḥ	امبارح
l'altro ieri	awwel embāreḥ	أوّل امبارح
giorno (m)	yome (m)	يوم
giorno (m) lavorativo	yome 'amal (m)	يوم عمل
giorno (m) festivo	agāza rasmiya (f)	أجازة رسميّة
giorno (m) di riposo	yome el agāza (m)	يوم أجازة
fine (m) settimana	nehāyet el osbū' (f)	نهاية الأسبوع
tutto il giorno	ṭūl el yome	طول اليوم
l'indomani	fel yome elly ba'dīh	في اليوم اللي بعديه
due giorni fa	men yomeyn	من يومين
il giorno prima	fel yome elly 'ablo	في اليوم اللي قبله
quotidiano (agg)	yawmy	يومي
ogni giorno	yawmiyan	يومياً
settimana (f)	osbū' (m)	أسبوع
la settimana scorsa	el esbū' elly fāt	الأسبوع اللي فات
la settimana prossima	el esbū' elly gayī	الأسبوع اللي جاي
settimanale (agg)	osbū'y	أسبوعي
ogni settimana	osbū'iyan	أسبوعياً
due volte alla settimana	marreteyn fel osbū'	مرّتين في الأسبوع
ogni martedì	koll solasā'	كلّ ثلاثاء

20. Ore. Giorno e notte

mattina (f)	ṣobḥ (m)	صبح
di mattina	fel ṣobḥ	في الصبح
mezzogiorno (m)	ẓohr (m)	ظهر
nel pomeriggio	ba'd el ḍohr	بعد الظهر
sera (f)	leyl (m)	ليل
di sera	bel leyl	بالليل

notte (f)	leyl (m)	ليل
di notte	bel leyl	بالليل
mezzanotte (f)	noṣṣ el leyl (m)	نصّ الليل
secondo (m)	sanya (f)	ثانية
minuto (m)	deʔīʔa (f)	دقيقة
ora (f)	sāʿa (f)	ساعة
mezzora (f)	noṣṣ sāʿa (m)	نصّ ساعة
un quarto d'ora	robʿ sāʿa (f)	ربع ساعة
quindici minuti	χamastāʃer deʔīʔa	خمستاشر دقيقة
ventiquattro ore	arbaʿa we ʿeʃrīn sāʿa	أربعة وعشرين ساعة
levata (f) del sole	ʃorūʔ el ʃams (m)	شروق الشمس
alba (f)	fagr (m)	فجر
mattutino (m)	ṣobḥ badry (m)	صبح بدري
tramonto (m)	ɣorūb el ʃams (m)	غروب الشمس
di buon mattino	el ṣobḥ badry	الصبح بدري
stamattina	el naharda el ṣobḥ	النهاردة الصبح
domattina	bokra el ṣobḥ	بكرة الصبح
oggi pomeriggio	el naharda baʿd el ḍohr	النهاردة بعد الظهر
nel pomeriggio	baʿd el ḍohr	بعد الظهر
domani pomeriggio	bokra baʿd el ḍohr	بكرة بعد الظهر
stasera	el naharda bel leyl	النهاردة بالليل
domani sera	bokra bel leyl	بكرة بالليل
alle tre precise	es sāʿa talāta bel ḍabṭ	الساعة تلاتة بالضبط
verso le quattro	es sāʿa arbaʿa taʔrīban	الساعة أربعة تقريبا
per le dodici	ḥatt es sāʿa etnāʃar	حتى الساعة إتناشر
fra venti minuti	fe χelāl ʿeʃrīn deʿeeʿa	في خلال عشرين دقيقة
fra un'ora	fe χelāl sāʿa	في خلال ساعة
puntualmente	fe mawʿedo	في موعده
un quarto di ...	ella robʿ	إلّا ربع
entro un'ora	χelāl sāʿa	خلال ساعة
ogni quindici minuti	koll robʿ sāʿa	كلّ ربع ساعة
giorno e notte	leyl nahār	ليل نهار

21. Mesi. Stagioni

gennaio (m)	yanāyer (m)	يناير
febbraio (m)	febrāyer (m)	فبراير
marzo (m)	māres (m)	مارس
aprile (m)	ebrīl (m)	إبريل
maggio (m)	māyo (m)	مايو
giugno (m)	yonyo (m)	يونيو
luglio (m)	yolyo (m)	يوليو
agosto (m)	oɣosṭos (m)	أغسطس
settembre (m)	sebtamber (m)	سبتمبر
ottobre (m)	oktober (m)	أكتوبر
novembre (m)	november (m)	نوفمبر

dicembre (m)	desember (m)	ديسمبر
primavera (f)	rabee' (m)	ربيع
in primavera	fel rabee'	في الربيع
primaverile (agg)	rabee'y	ربيعي
estate (f)	ṣeyf (m)	صيف
in estate	fel ṣeyf	في الصيف
estivo (agg)	ṣeyfy	صيفي
autunno (m)	χarīf (m)	خريف
in autunno	fel χarīf	في الخريف
autunnale (agg)	χarīfy	خريفي
inverno (m)	ʃetā' (m)	شتاء
in inverno	fel ʃetā'	في الشتاء
invernale (agg)	ʃetwy	شتوي
mese (m)	ʃahr (m)	شهر
questo mese	fel ʃahr da	في الشهر ده
il mese prossimo	el ʃahr el gayī	الشهر الجايّ
il mese scorso	el ʃahr elly fāt	الشهر اللي فات
un mese fa	men ʃahr	من شهر
fra un mese	ba'd ʃahr	بعد شهر
fra due mesi	ba'd ʃahreyn	بعد شهرين
un mese intero	el ʃahr kollo	الشهر كلّه
per tutto il mese	ṭawāl el ʃahr	طوال الشهر
mensile (rivista ~)	ʃahry	شهري
mensilmente	ʃahry	شهري
ogni mese	koll ʃahr	كلّ شهر
due volte al mese	marreteyn fel ʃahr	مرّتين في الشهر
anno (m)	sana (f)	سنة
quest'anno	el sana di	السنة دي
l'anno prossimo	el sana el gaya	السنة الجايّة
l'anno scorso	el sana elly fātet	السنة اللي فاتت
un anno fa	men sana	من سنة
fra un anno	ba'd sana	بعد سنة
fra due anni	ba'd sanateyn	بعد سنتين
un anno intero	el sana kollaha	السنة كلّها
per tutto l'anno	ṭūl el sana	طول السنة
ogni anno	koll sana	كلّ سنة
annuale (agg)	sanawy	سنوي
annualmente	koll sana	كلّ سنة
quattro volte all'anno	arba' marrāt fel sana	أربع مرات في السنة
data (f) (~ di oggi)	tarīχ (m)	تاريخ
data (f) (~ di nascita)	tarīχ (m)	تاريخ
calendario (m)	natīga (f)	نتيجة
mezz'anno (m)	noṣṣ sana	نصّ سنة
semestre (m)	settet aʃ-hor (f)	ستّة أشهر
stagione (f) (estate, ecc.)	faṣl (m)	فصل
secolo (m)	qarn (m)	قرن

22. Unità di misura

peso (m)	wazn (m)	وزن
lunghezza (f)	ṭūl (m)	طول
larghezza (f)	'arḍ (m)	عرض
altezza (f)	ertefā' (m)	إرتفاع
profondità (f)	'omq (m)	عمق
volume (m)	ḥagm (m)	حجم
area (f)	mesāḥa (f)	مساحة
grammo (m)	gram (m)	جرام
milligrammo (m)	milligrām (m)	ملّيغرام
chilogrammo (m)	kilogrām (m)	كيلوغرام
tonnellata (f)	ṭenn (m)	طنّ
libbra (f)	reṭl (m)	رطل
oncia (f)	onṣa (f)	أونصة
metro (m)	metr (m)	متر
millimetro (m)	millimetr (m)	ملّيمتر
centimetro (m)	santimetr (m)	سنتيمتر
chilometro (m)	kilometr (m)	كيلومتر
miglio (m)	mīl (m)	ميل
pollice (m)	boṣa (f)	بوصة
piede (f)	'adam (m)	قدم
iarda (f)	yarda (f)	ياردة
metro (m) quadro	metr morabba' (m)	متر مربّع
ettaro (m)	hektār (m)	هكتار
litro (m)	litre (m)	لتر
grado (m)	daraga (f)	درجة
volt (m)	volt (m)	فولت
ampere (m)	ambere (m)	أمبير
cavallo vapore (m)	ḥoṣān (m)	حصان
quantità (f)	kemiya (f)	كميّة
un po' di ...	ʃewayet ...	شويّة...
metà (f)	noṣṣ (m)	نصّ
dozzina (f)	desta (f)	دستة
pezzo (m)	waḥda (f)	وحدة
dimensione (f)	ḥagm (m)	حجم
scala (f) (modello in ~)	me'yās (m)	مقياس
minimo (agg)	el adna	الأدنى
minore (agg)	el aṣɣar	الأصغر
medio (agg)	motawasseṭ	متوّسط
massimo (agg)	el aqṣa	الأقصى
maggiore (agg)	el akbar	الأكبر

23. Contenitori

barattolo (m) di vetro	barṭamān (m)	برطمان
latta, lattina (f)	kanz (m)	كانز

secchio (m)	gardal (m)	جردل
barile (m), botte (f)	barmīl (m)	برميل
catino (m)	ḥoḍe lel ɣasīl (m)	حوض للغسيل
serbatoio (m) (per liquidi)	χazzān (m)	خزّان
fiaschetta (f)	zamzamiya (f)	زمزميّة
tanica (f)	ʒerken (m)	جركن
cisterna (f)	χazzān (m)	خزّان
tazza (f)	mugg (m)	ماجّ
tazzina (f) (~ di caffé)	fengān (m)	فنجان
piattino (m)	ṭaba' fengān (m)	طبق فنجان
bicchiere (m) (senza stelo)	kobbāya (f)	كوبّاية
calice (m)	kāsa (f)	كاسة
casseruola (f)	ḥalla (f)	حلّة
bottiglia (f)	ezāza (f)	إزازة
collo (m) (~ della bottiglia)	'onq (m)	عنق
caraffa (f)	dawra' zogāgy (m)	دورّق زجاجي
brocca (f)	ebrī' (m)	إبريق
recipiente (m)	we'ā' (m)	وعاء
vaso (m) di coccio	aṣīṣ (m)	أصيص
vaso (m) di fiori	vāza (f)	فازة
boccetta (f) (~ di profumo)	ezāza (f)	إزازة
fiala (f)	ezāza (f)	إزازة
tubetto (m)	anbūba (f)	أنبوبة
sacco (m) (~ di patate)	kīs (m)	كيس
sacchetto (m) (~ di plastica)	kīs (m)	كيس
pacchetto (m) (~ di sigarette, ecc.)	'elba (f)	علبة
scatola (f) (~ per scarpe)	'elba (f)	علبة
cassa (f) (~ di vino, ecc.)	ṣandū' (m)	صندوق
cesta (f)	salla (f)	سلّة

ESSERE UMANO

Essere umano. Il corpo umano

24. Testa

testa (f)	ra'ʾs (m)	رأس
viso (m)	weʃ (m)	وش
naso (m)	manaχīr (m)	مناخير
bocca (f)	boʾ (m)	بوء
occhio (m)	ʿeyn (f)	عين
occhi (m pl)	ʿoyūn (pl)	عيون
pupilla (f)	ḥadʾa (f)	حدقة
sopracciglio (m)	ḥāgeb (m)	حاجب
ciglio (m)	remʃ (m)	رمش
palpebra (f)	gefn (m)	جفن
lingua (f)	lesān (m)	لسان
dente (m)	senna (f)	سنّة
labbra (f pl)	ʃafāyef (pl)	شفايف
zigomi (m pl)	ʿaḍmet el χadd (f)	عضمة الخدّ
gengiva (f)	lassa (f)	لثّة
palato (m)	ḥanak (m)	حنك
narici (f pl)	manaχer (pl)	مناخر
mento (m)	daʾʾn (m)	دقن
mascella (f)	fakk (m)	فكّ
guancia (f)	χadd (m)	خدّ
fronte (f)	gabha (f)	جبهة
tempia (f)	ṣedɣ (m)	صدغ
orecchio (m)	wedn (f)	ودن
nuca (f)	ʾafa (m)	قفا
collo (m)	raʾaba (f)	رقبة
gola (f)	zore (m)	زور
capelli (m pl)	ʃaʿr (m)	شعر
pettinatura (f)	tasrīḥa (f)	تسريحة
taglio (m)	tasrīḥa (f)	تسريحة
parrucca (f)	barūka (f)	باروكة
baffi (m pl)	ʃanab (pl)	شنب
barba (f)	leḥya (f)	لحية
portare (~ la barba, ecc.)	ʿando	عنده
treccia (f)	ḍefīra (f)	ضفيرة
basette (f pl)	sawālef (pl)	سوالف
rosso (agg)	aḥmar el ʃaʿr	أحمر الشعر
brizzolato (agg)	ʃaʿr abyaḍ	شعر أبيض

calvo (agg)	aṣla'	أصلع
calvizie (f)	ṣala' (m)	صلع
coda (f) di cavallo	deyl ḥoṣān (m)	ديل حصان
frangetta (f)	'oṣṣa (f)	قصّة

25. Corpo umano

mano (f)	yad (m)	يد
braccio (m)	derā' (f)	دراع
dito (m)	ṣobā' (m)	صباع
dito (m) del piede	ṣobā' el 'adam (m)	صباع القدم
pollice (m)	ebhām (m)	إبهام
mignolo (m)	χonṣor (m)	خنصر
unghia (f)	ḍefr (m)	ضفر
pugno (m)	qabḍa (f)	قبضة
palmo (m)	kaff (f)	كفّ
polso (m)	me'ṣam (m)	معصم
avambraccio (m)	sā'ed (m)	ساعد
gomito (m)	kū' (m)	كوع
spalla (f)	ketf (f)	كتف
gamba (f)	regl (f)	رجل
pianta (f) del piede	qadam (f)	قدم
ginocchio (m)	rokba (f)	ركبة
polpaccio (m)	semmāna (f)	سمّانة
anca (f)	faχd (f)	فخد
tallone (m)	ka'b (m)	كعب
corpo (m)	gesm (m)	جسم
pancia (f)	baṭn (m)	بطن
petto (m)	ṣedr (m)	صدر
seno (m)	sady (m)	ثدي
fianco (m)	ganb (m)	جنب
schiena (f)	ḍahr (m)	ضهر
zona (f) lombare	asfal el ḍahr (m)	أسفل الضهر
vita (f)	wesṭ (f)	وسط
ombelico (m)	sorra (f)	سرّة
natiche (f pl)	ardāf (pl)	أرداف
sedere (m)	debr (m)	دبر
neo (m)	ʃāma (f)	شامة
voglia (f) (~ di fragola)	waḥma	وحمة
tatuaggio (m)	waʃm (m)	وشم
cicatrice (f)	nadba (f)	ندبة

Abbigliamento e Accessori

26. Indumenti. Soprabiti

vestiti (m pl)	malābes (pl)	ملابس
soprabito (m)	malābes fo'aniya (pl)	ملابس فوقانيّة
abiti (m pl) invernali	malābes ʃetwiya (pl)	ملابس شتويّة
cappotto (m)	balṭo (m)	بالطو
pelliccia (f)	balṭo farww (m)	بالطو فروّ
pellicciotto (m)	ʒaket farww (m)	جاكيت فروّ
piumino (m)	balṭo maḥʃy rīʃ (m)	بالطو محشي ريش
giubbotto (m), giaccha (f)	ʒæket (m)	جاكيت
impermeabile (m)	ʒæket lel maṭar (m)	جاكيت للمطر
impermeabile (agg)	wāqy men el maya	واقي من الميّة

27. Men's & women's clothing

camicia (f)	'amīṣ (m)	قميص
pantaloni (m pl)	banṭalone (f)	بنطلون
jeans (m pl)	ʒeans (m)	جينز
giacca (f) (~ di tweed)	ʒæket (f)	جاكت
abito (m) da uomo	badla (f)	بدلة
abito (m)	fostān (m)	فستان
gonna (f)	ʒība (f)	جيبة
camicetta (f)	bloza (f)	بلوزة
giacca (f) a maglia	kardigan (m)	كارديجن
giacca (f) tailleur	ʒæket (m)	جاكيت
maglietta (f)	ti ʃirt (m)	تي شيرت
pantaloni (m pl) corti	ʃort (m)	شورت
tuta (f) sportiva	treneng (m)	ترينيج
accappatoio (m)	robe el ḥammām (m)	روب حمّام
pigiama (m)	beʒāma (f)	بيجاما
maglione (m)	blover (f)	بلوفر
pullover (m)	blover (m)	بلوفر
gilè (m)	vest (m)	فيست
frac (m)	badlet sahra ṭawīla (f)	بدلة سهرة طويلة
smoking (m)	badla (f)	بدلة
uniforme (f)	zayī muwaḥḥad (m)	زيّ موحّد
tuta (f) da lavoro	lebs el ʃoɣl (m)	لبس الشغل
salopette (f)	overall (m)	اوفر اول
camice (m) (~ del dottore)	balṭo (m)	بالطو

28. Abbigliamento. Biancheria intima

biancheria (f) intima	malābes dāχeliya (pl)	ملابس داخلية
boxer (m pl)	sirwāl dāχly rigāly (m)	سروال داخلي رجالي
mutandina (f)	sirwāl dāχly nisā'y (m)	سروال داخلي نسائي
maglietta (f) intima	fanella (f)	فانلا
calzini (m pl)	ʃarāb (m)	شراب
camicia (f) da notte	'amīṣ nome (m)	قميص نوم
reggiseno (m)	setyāna (f)	ستيانة
calzini (m pl) alti	ʃarabāt ṭawīla (pl)	شرابات طويلة
collant (m)	klone (m)	كلون
calze (f pl)	gawāreb (pl)	جوارب
costume (m) da bagno	mayo (m)	مايّوه

29. Copricapo

cappello (m)	ṭa'iya (f)	طاقيّة
cappello (m) di feltro	borneyṭa (f)	برنيطة
cappello (m) da baseball	base bāl kāb (m)	بيس بول كاب
coppola (f)	ṭa'iya mosaṭṭaḥa (f)	طاقيّة مسطحة
basco (m)	bereyh (m)	بيريه
cappuccio (m)	γaṭa' (f)	غطاء
panama (m)	qobba'et banama (f)	قبّعة بناما
berretto (m) a maglia	ays kāb (m)	آيس كاب
fazzoletto (m) da capo	eʃarb (m)	إيشارب
cappellino (m) donna	borneyṭa (f)	برنيطة
casco (m) (~ di sicurezza)	χawza (f)	خوذة
bustina (f)	kāb (m)	كاب
casco (m) (~ moto)	χawza (f)	خوذة
bombetta (f)	qobba'a (f)	قبّعة
cilindro (m)	qobba'a rasmiya (f)	قبّعة رسمية

30. Calzature

calzature (f pl)	gezam (pl)	جزم
stivaletti (m pl)	gazma (f)	جزمة
scarpe (f pl)	gazma (f)	جزمة
stivali (m pl)	būt (m)	بوت
pantofole (f pl)	ʃebʃeb (m)	شبشب
scarpe (f pl) da tennis	kotʃy tennis (m)	كوتشي تنس
scarpe (f pl) da ginnastica	kotʃy (m)	كوتشي
sandali (m pl)	ṣandal (pl)	صندل
calzolaio (m)	eskāfy (m)	إسكافي
tacco (m)	ka'b (m)	كعب

paio (m)	goze (m)	جوز
laccio (m)	ʃerīṭ (m)	شريط
allacciare (vt)	rabaṭ	ربط
calzascarpe (m)	labbāsa el gazma (f)	لبّاسة الجزمة
lucido (m) per le scarpe	warnīʃ el gazma (m)	ورنيش الجزمة

31. Accessori personali

guanti (m pl)	gwanty (m)	جوانتي
manopole (f pl)	gwanty men ɣeyr aṣābeʿ (m)	جوانتي من غير أصابع
sciarpa (f)	skarf (m)	سكارف
occhiali (m pl)	naḍḍāra (f)	نظّارة
montatura (f)	eṭār (m)	إطار
ombrello (m)	ʃamsiya (f)	شمسيّة
bastone (m)	ʿaṣāya (f)	عصاية
spazzola (f) per capelli	forʃet ʃaʿr (f)	فرشة شعر
ventaglio (m)	marwaḥa (f)	مروّحة
cravatta (f)	karavetta (f)	كرافتة
cravatta (f) a farfalla	bebyona (m)	بيبيونة
bretelle (f pl)	ḥammala (f)	حمّالة
fazzoletto (m)	mandīl (m)	منديل
pettine (m)	meʃṭ (m)	مشط
fermaglio (m)	dabbūs (m)	دبّوس
forcina (f)	bensa (m)	بنسة
fibbia (f)	bokla (f)	بكلة
cintura (f)	ḥezām (m)	حزام
spallina (f)	ḥammalet el ketf (f)	حمّالة الكتف
borsa (f)	ʃanṭa (f)	شنطة
borsetta (f)	ʃanṭet yad (f)	شنطة يد
zaino (m)	ʃanṭet ḍahr (f)	شنطة ظهر

32. Abbigliamento. Varie

moda (f)	mūḍa (f)	موضة
di moda	fel moḍa	في الموضة
stilista (m)	moṣammem azyāʾ (m)	مصمّم أزياء
collo (m)	yāʾa (f)	ياقة
tasca (f)	geyb (m)	جيب
tascabile (agg)	geyb	جيب
manica (f)	komm (m)	كمّ
asola (f) per appendere	ʿelāqa (f)	علّاقة
patta (f) (~ dei pantaloni)	lesān (m)	لسان
cerniera (f) lampo	sosta (f)	سوستة
chiusura (f)	maʃbak (m)	مشبك
bottone (m)	zerr (m)	زرّ

occhiello (m)	ʿarwa (f)	عروة
staccarsi (un bottone)	we'eʿ	وقع
cucire (vi, vt)	χayaṭ	خيّط
ricamare (vi, vt)	ṭarraz	طرّز
ricamo (m)	taṭrīz (m)	تطريز
ago (m)	ebra (f)	إبرة
filo (m)	χeyṭ (m)	خيط
cucitura (f)	derz (m)	درز
sporcarsi (vr)	ettwassaχ	إتّوسّخ
macchia (f)	bo''a (f)	بقعة
sgualcirsi (vr)	takarmaʃ	تكرمش
strappare (vt)	'aṭaʿ	قطع
tarma (f)	ʿetta (f)	عثّة

33. Cura della persona. Cosmetici

dentifricio (m)	maʿgūn asnān (m)	معجون أسنان
spazzolino (m) da denti	forʃet senān (f)	فرشة أسنان
lavarsi i denti	naḍḍaf el asnān	نظّف الأسنان
rasoio (m)	mūs (m)	موس
crema (f) da barba	krīm ḥelā'a (m)	كريم حلاقة
rasarsi (vr)	ḥala'	حلق
sapone (m)	ṣabūn (m)	صابون
shampoo (m)	ʃambū (m)	شامبو
forbici (f pl)	ma'aṣ (m)	مقص
limetta (f)	mabrad (m)	مبرد
tagliaunghie (m)	mel'aṭ (m)	ملقط
pinzette (f pl)	mel'aṭ (m)	ملقط
cosmetica (f)	mawād tagmīl (pl)	مواد تجميل
maschera (f) di bellezza	mask (m)	ماسك
manicure (m)	monekīr (m)	مونيكير
fare la manicure	ʿamal monikīr	عمل مونيكير
pedicure (m)	badikīr (m)	باديكير
borsa (f) del trucco	ʃanṭet mekyāʒ (f)	شنطة مكياج
cipria (f)	bodret weʃ (f)	بودرة وش
portacipria (m)	ʿelbet bodra (f)	علبة بودرة
fard (m)	aḥmar χodūd (m)	أحمر خدود
profumo (m)	barfān (m)	بارفان
acqua (f) da toeletta	kolonya (f)	كولونيا
lozione (f)	loʃion (m)	لوشن
acqua (f) di Colonia	kolonya (f)	كولونيا
ombretto (m)	eyeʃadow (m)	ايّ شادو
eyeliner (m)	koḥl (m)	كحل
mascara (m)	maskara (f)	ماسكارا
rossetto (m)	rūʒ (m)	روج

smalto (m)	monekīr (m)	مونيكير
lacca (f) per capelli	mosabbet el ʃa'r (m)	مثبّت الشعر
deodorante (m)	mozīl 'ara' (m)	مزيل عرق
crema (f)	krīm (m)	كريم
crema (f) per il viso	krīm lel weʃ (m)	كريم للوش
crema (f) per le mani	krīm eyd (m)	كريم أيد
crema (f) antirughe	krīm moḍād lel taga'īd (m)	كريم مضاد للتجاعيد
crema (f) da giorno	krīm en nahār (m)	كريم النهار
crema (f) da notte	krīm el leyl (m)	كريم الليل
da giorno	nahāry	نهاري
da notte	layly	ليّلي
tampone (m)	tambon (m)	تانبون
carta (f) igienica	wara' twalet (m)	ورق تواليت
fon (m)	seʃwār (m)	سشوار

34. Orologi da polso. Orologio

orologio (m) (~ da polso)	sā'a (f)	ساعة
quadrante (m)	wag-h el sā'a (m)	وجه الساعة
lancetta (f)	'a'rab el sā'a (m)	عقرب الساعة
braccialetto (m)	ʃerī'ṭ sā'a ma'daniya (m)	شريط ساعة معدنية
cinturino (m)	ʃerī'ṭ el sā'a (m)	شريط الساعة
pila (f)	baṭṭariya (f)	بطّاريّة
essere scarico	χelṣet	خلصت
cambiare la pila	ɣayar el baṭṭariya	غيّر البطّاريّة
andare avanti	saba'	سبق
andare indietro	ta'akχar	تأخّر
orologio (m) da muro	sā'et ḥeyṭa (f)	ساعة حيطة
clessidra (f)	sā'a ramliya (f)	ساعة رمليّة
orologio (m) solare	sā'a ʃamsiya (f)	ساعة شمسيّة
sveglia (f)	monabbeh (m)	منبّه
orologiaio (m)	sa'āty (m)	ساعاتي
riparare (vt)	ṣallaḥ	صلّح

Cibo. Alimentazione

35. Cibo

carne (f)	laḥma (f)	لحمة
pollo (m)	ferāχ (m)	فراخ
pollo (m) novello	farrūg (m)	فرّوج
anatra (f)	baṭṭa (f)	بطّة
oca (f)	wezza (f)	وزّة
cacciagione (f)	ṣeyd (m)	صيد
tacchino (m)	dīk rūmy (m)	ديك رومي
maiale (m)	laḥm el χanazīr (m)	لحم الخنزير
vitello (m)	laḥm el ʿegl (m)	لحم العجل
agnello (m)	laḥm ḍāny (m)	لحم ضاني
manzo (m)	laḥm baqary (m)	لحم بقري
coniglio (m)	laḥm arāneb (m)	لحم أرانب
salame (m)	sogo" (m)	سجق
w?rstel (m)	sogo" (m)	سجق
pancetta (f)	bakon (m)	بيكون
prosciutto (m)	hām(m)	هام
prosciutto (m) affumicato	faχd χanzīr (m)	فخد خنزير
pâté (m)	maʿgūn laḥm (m)	معجون لحم
fegato (m)	kebda (f)	كبدة
carne (f) trita	hamburger (m)	هامبورجر
lingua (f)	lesān (m)	لسان
uovo (m)	beyḍa (f)	بيضة
uova (f pl)	beyḍ (m)	بيض
albume (m)	bayāḍ el beyḍ (m)	بياض البيض
tuorlo (m)	ṣafār el beyḍ (m)	صفار البيض
pesce (m)	samak (m)	سمك
frutti (m pl) di mare	sīfūd (pl)	سي فود
caviale (m)	kaviar (m)	كافيار
granchio (m)	kaboria (m)	كابوريا
gamberetto (m)	gammbary (m)	جمّبري
ostrica (f)	maḥār (m)	محار
aragosta (f)	estakoza (m)	استاكوزا
polpo (m)	aχṭabūṭ (m)	أخطبوط
calamaro (m)	kalmāry (m)	كالماري
storione (m)	samak el ḥafʃ (m)	سمك الحفش
salmone (m)	salamon (m)	سلمون
ippoglosso (m)	samak el halbūt (m)	سمك الهلبوت
merluzzo (m)	samak el qadd (m)	سمك القد
scombro (m)	makerel (m)	ماكريل

tonno (m)	tuna (f)	تونة
anguilla (f)	ḥankalīs (m)	حنكليس
trota (f)	salamon mera"aṭ (m)	سلمون مرقّط
sardina (f)	sardīn (m)	سردين
luccio (m)	samak el karāky (m)	سمك الكراكي
aringa (f)	renga (f)	رنجة
pane (m)	'eyʃ (m)	عيش
formaggio (m)	gebna (f)	جبنة
zucchero (m)	sokkar (m)	سكّر
sale (m)	melḥ (m)	ملح
riso (m)	rozz (m)	رزّ
pasta (f)	makaruna (f)	مكرونة
tagliatelle (f pl)	nūdles (f)	نودلز
burro (m)	zebda (f)	زبدة
olio (m) vegetale	zeyt (m)	زيت
olio (m) di girasole	zeyt 'abbād el ʃams (m)	زيت عبّاد الشمس
margarina (f)	margarīn (m)	مارجرين
olive (f pl)	zaytūn (m)	زيتون
olio (m) d'oliva	zeyt el zaytūn (m)	زيت الزيتون
latte (m)	laban (m)	لبن
latte (m) condensato	ḥalīb mokassaf (m)	حليب مكثّف
yogurt (m)	zabādy (m)	زبادي
panna (f) acida	kreyma ḥamḍa (f)	كريمة حامضة
panna (f)	krīma (f)	كريمة
maionese (m)	mayonnɛ:z (m)	مايونيز
crema (f)	krīmet zebda (f)	كريمة زبدة
cereali (m pl)	ḥobūb 'amḥ (pl)	حبوب قمح
farina (f)	de'ī' (m)	دقيق
cibi (m pl) in scatola	mo'allabāt (pl)	معلّبات
fiocchi (m pl) di mais	korn fleks (m)	كورن فليكس
miele (m)	'asal (m)	عسل
marmellata (f)	mrabba (m)	مربّى
gomma (f) da masticare	lebān (m)	لبان

36. Bevande

acqua (f)	meyāh (f)	مياه
acqua (f) potabile	mayet ʃorb (m)	ميّة شرب
acqua (f) minerale	maya ma'daniya (f)	ميّة معدنية
liscia (non gassata)	rakeda	راكدة
gassata (agg)	kanz	كانز
frizzante (agg)	kanz	كانز
ghiaccio (m)	talg (m)	ثلج
con ghiaccio	bel talg	بالتلج

analcolico (agg)	men ɣeyr koḥūl	من غير كحول
bevanda (f) analcolica	maʃrūb ɣāzy (m)	مشروب غازي
bibita (f)	ḥāga sa'ʿa (f)	حاجة ساقعة
limonata (f)	limonāta (f)	ليموناتة
bevande (f pl) alcoliche	maʃrūbāt koḥūliya (pl)	مشروبات كحولية
vino (m)	χamra (f)	خمرة
vino (m) bianco	nebīz abyaḍ (m)	نبيذ أبيض
vino (m) rosso	nebī aḥmar (m)	نبيذ أحمر
liquore (m)	liqure (m)	ليكيور
champagne (m)	ʃambania (f)	شمبانيا
vermouth (m)	vermote (m)	فيرموت
whisky	wiski (m)	ويسكي
vodka (f)	vodka (f)	فودكا
gin (m)	ʒin (m)	جين
cognac (m)	konyāk (m)	كونياك
rum (m)	rum (m)	رم
caffè (m)	'ahwa (f)	قهوة
caffè (m) nero	'ahwa sāda (f)	قهوة سادة
caffè latte (m)	'ahwa bel ḥalīb (f)	قهوة بالحليب
cappuccino (m)	kaputʃino (m)	كابتشينو
caffè (m) solubile	neskafe (m)	نيسكافيه
latte (m)	laban (m)	لبن
cocktail (m)	koktayl (m)	كوكتيل
frullato (m)	milk ʃejk (m)	ميلك شيك
succo (m)	ʿaṣīr (m)	عصير
succo (m) di pomodoro	ʿaṣīr ṭamāṭem (m)	عصير طماطم
succo (m) d'arancia	ʿaṣīr bortoqāl (m)	عصير برتقال
spremuta (f)	ʿaṣīr freʃ (m)	عصير فريش
birra (f)	bīra (f)	بيرة
birra (f) chiara	bīra χafīfa (f)	بيرة خفيفة
birra (f) scura	bīra ɣam'a (f)	بيرة غامقة
tè (m)	ʃāy (m)	شاي
tè (m) nero	ʃāy aḥmar (m)	شاي أحمر
tè (m) verde	ʃāy aχḍar (m)	شاي أخضر

37. Verdure

ortaggi (m pl)	χoḍār (pl)	خضار
verdura (f)	χoḍrawāt waraqiya (pl)	خضروات ورقية
pomodoro (m)	ṭamāṭem (f)	طماطم
cetriolo (m)	χeyār (m)	خيار
carota (f)	gazar (m)	جزر
patata (f)	baṭāṭes (f)	بطاطس
cipolla (f)	baṣal (m)	بصل
aglio (m)	tūm (m)	ثوم

cavolo (m)	koronb (m)	كرنب
cavolfiore (m)	'arnabīṭ (m)	قرنبيط
cavoletti (m pl) di Bruxelles	koronb broksel (m)	كرنب بروكسل
broccolo (m)	brokkoli (m)	بركولي
barbabietola (f)	bangar (m)	بنجر
melanzana (f)	bātengān (m)	باذنجان
zucchina (f)	kōsa (f)	كوسة
zucca (f)	qar' 'asaly (m)	قرع عسلي
rapa (f)	left (m)	لفت
prezzemolo (m)	ba'dūnes (m)	بقدونس
aneto (m)	ʃabat (m)	شبت
lattuga (f)	χass (m)	خسّ
sedano (m)	karfas (m)	كرفس
asparago (m)	helione (m)	هليون
spinaci (m pl)	sabāneχ (m)	سبانخ
pisello (m)	besella (f)	بسلّة
fave (f pl)	fūl (m)	فول
mais (m)	dora (f)	ذرة
fagiolo (m)	faṣolya (f)	فاصوليا
peperone (m)	felfel (m)	فلفل
ravanello (m)	fegl (m)	فجل
carciofo (m)	χarʃūf (m)	خرشوف

38. Frutta. Noci

frutto (m)	faχa (f)	فاكهة
mela (f)	toffāḥa (f)	تفّاحة
pera (f)	komettra (f)	كمّثرى
limone (m)	lymūn (m)	ليمون
arancia (f)	bortoqāl (m)	برتقال
fragola (f)	farawla (f)	فراولة
mandarino (m)	yosfy (m)	يوسفي
prugna (f)	bar'ū' (m)	برقوق
pesca (f)	χawχa (f)	خوخة
albicocca (f)	meʃmeʃ (f)	مشمش
lampone (m)	tūt el 'alī' el aḥmar (m)	توت العليق الأحمر
ananas (m)	ananās (m)	أناناس
banana (f)	moze (m)	موز
anguria (f)	baṭṭīχ (m)	بطّيخ
uva (f)	'enab (m)	عنب
amarena (f), ciliegia (f)	karaz (m)	كرز
melone (m)	ʃammām (f)	شمّام
pompelmo (m)	grabe frūt (m)	جريب فروت
avocado (m)	avokado (f)	افوكاتو
papaia (f)	babāya (m)	ببايا
mango (m)	manga (m)	مانجة
melagrana (f)	rommān (m)	رمان

ribes (m) rosso	keʃmeʃ aḥmar (m)	كشمش أحمر
ribes (m) nero	keʃmeʃ aswad (m)	كشمش أسود
uva (f) spina	'enab el sa'lab (m)	عنب الثعلب
mirtillo (m)	'enab al aḥrāg (m)	عنب الأحراج
mora (f)	tūt aswad (m)	توت أسود
uvetta (f)	zebīb (m)	زبيب
fico (m)	tīn (m)	تين
dattero (m)	tamr (m)	تمر
arachide (f)	fūl sudāny (m)	فول سوداني
mandorla (f)	loze (m)	لوز
noce (f)	'eyn gamal (f)	عين الجمل
nocciola (f)	bondo' (m)	بندق
noce (f) di cocco	goze el hend (m)	جوز هند
pistacchi (m pl)	fosto' (m)	فستق

39. Pane. Dolci

pasticceria (f)	ḥalawīāt (pl)	حلويّات
pane (m)	'eyʃ (m)	عيش
biscotti (m pl)	baskawīt (m)	بسكويت
cioccolato (m)	ʃokolāta (f)	شكولاتة
al cioccolato (agg)	bel ʃokolāṭa	بالشكولاتة
caramella (f)	bonbony (m)	بونبوني
tortina (f)	keyka (f)	كيكة
torta (f)	torta (f)	تورتة
crostata (f)	feṭīra (f)	فطيرة
ripieno (m)	ḥaʃwa (f)	حشوة
marmellata (f)	mrabba (m)	مربّى
marmellata (f) di agrumi	marmalād (f)	مرملاد
wafer (m)	waffles (pl)	وافلز
gelato (m)	'ays krīm (m)	آيس كريم
budino (m)	būding (m)	بودنج

40. Pietanze cucinate

piatto (m) (~ principale)	wagba (f)	وجبة
cucina (f)	maṭbaχ (m)	مطبخ
ricetta (f)	waṣfa (f)	وصفة
porzione (f)	naṣīb (m)	نصيب
insalata (f)	solṭa (f)	سلطة
minestra (f)	ʃorba (f)	شوربة
brodo (m)	mara'a (m)	مرقة
panino (m)	sandawitʃ (m)	ساندويتش
uova (f pl) al tegamino	beyḍ ma'ly (m)	بيض مقلي
hamburger (m)	hamburger (m)	هامبورجر

bistecca (f)	steak laḥm (m)	ستيك لحم
contorno (m)	ṭaba' gāneby (m)	طبق جانبي
spaghetti (m pl)	spaɣetti (m)	سباجيتي
purè (m) di patate	baṭāṭes mahrūsa (f)	بطاطس مهروسة
pizza (f)	bītza (f)	بيتزا
porridge (m)	ʿaṣīda (f)	عصيدة
frittata (f)	omlette (m)	اومليت
bollito (agg)	maslū'	مسلوق
affumicato (agg)	modakχen	مدخّن
fritto (agg)	ma'ly	مقلي
secco (agg)	mogaffaf	مجفّف
congelato (agg)	mogammad	مجمّد
sottoaceto (agg)	meχallel	مخلّل
dolce (gusto)	mesakkar	مسكّر
salato (agg)	māleḥ	مالح
freddo (agg)	bāred	بارد
caldo (agg)	soχn	سخن
amaro (agg)	morr	مرّ
buono, gustoso (agg)	ḥelw	حلو
cuocere, preparare (vt)	sala'	سلق
cucinare (vi)	ḥaḍḍar	حضّر
friggere (vt)	'ala	قلي
riscaldare (vt)	sakχan	سخّن
salare (vt)	raʃ malḥ	رشّ ملح
pepare (vt)	raʃ felfel	رشّ فلفل
grattugiare (vt)	baraʃ	برش
buccia (f)	'eʃra (f)	قشرة
sbucciare (vt)	'asʃar	قشّر

41. Spezie

sale (m)	melḥ (m)	ملح
salato (agg)	māleḥ	مالح
salare (vt)	raʃ malḥ	رشّ ملح
pepe (m) nero	felfel aswad (m)	فلفل أسوّد
peperoncino (m)	felfel aḥmar (m)	فلفل أحمر
senape (f)	mosṭarda (m)	مسطردة
cren (m)	fegl ḥār (m)	فجل حار
condimento (m)	bahār (m)	بهار
spezie (f pl)	bahār (m)	بهار
salsa (f)	ṣalṣa (f)	صلصة
aceto (m)	χall (m)	خلّ
anice (m)	yansūn (m)	ينسون
basilico (m)	rīḥān (m)	ريحان
chiodi (m pl) di garofano	'oronfol (m)	قرنفل
zenzero (m)	zangabīl (m)	زنجبيل
coriandolo (m)	kozbora (f)	كزبرة

cannella (f)	ʾerfa (f)	قرفة
sesamo (m)	semsem (m)	سمسم
alloro (m)	waraʾ el ɣār (m)	ورق الغار
paprica (f)	babrika (f)	بابريكا
cumino (m)	karawya (f)	كراوية
zafferano (m)	zaʿfarān (m)	زعفران

42. Pasti

cibo (m)	akl (m)	أكل
mangiare (vi, vt)	akal	أكل
colazione (f)	foṭūr (m)	فطور
fare colazione	feṭer	فطر
pranzo (m)	ɣadaʾ (m)	غداء
pranzare (vi)	etɣadda	إتغدّى
cena (f)	ʿaʃāʾ (m)	عشاء
cenare (vi)	etʿasʃa	إتعشّى
appetito (m)	ʃahiya (f)	شهيّة
Buon appetito!	bel hana wel ʃefa!	!بالهنا والشفا
aprire (vt)	fataḥ	فتح
rovesciare (~ il vino, ecc.)	dalaʾ	دلق
rovesciarsi (vr)	dalaʾ	دلق
bollire (vi)	ɣely	غلي
far bollire	ɣely	غلي
bollito (agg)	maɣly	مغلي
raffreddare (vt)	barrad	برّد
raffreddarsi (vr)	barrad	برّد
gusto (m)	ṭaʿm (m)	طعم
retrogusto (m)	ṭaʿm ma baʿd el mazāq (m)	طعم ما بعد المذاق
essere a dieta	χass	خسّ
dieta (f)	reʒīm (m)	رجيم
vitamina (f)	vitamīn (m)	فيتامين
caloria (f)	soʿra ḥarāriya (f)	سعرة حراريّة
vegetariano (m)	nabāty (m)	نباتي
vegetariano (agg)	nabāty	نباتي
grassi (m pl)	dohūn (pl)	دهون
proteine (f pl)	brotenāt (pl)	بروتينات
carboidrati (m pl)	naʃawīāt (pl)	نشويّات
fetta (f), fettina (f)	ʃarīḥa (f)	شريحة
pezzo (m) (~ di torta)	ʾeṭʿa (f)	قطعة
briciola (f) (~ di pane)	fattāta (f)	فتاتة

43. Preparazione della tavola

cucchiaio (m)	maʿlaʾa (f)	معلقة
coltello (m)	sekkīna (f)	سكّينة

forchetta (f)	ʃawka (f)	شوكة
tazza (f)	fengān (m)	فنجان
piatto (m)	ṭaba' (m)	طبق
piattino (m)	ṭaba' fengān (m)	طبق فنجان
tovagliolo (m)	mandīl wara' (m)	منديل ورق
stuzzicadenti (m)	χallet senān (f)	خلة سنان

44. Ristorante

ristorante (m)	maṭ'am (m)	مطعم
caffè (m)	'ahwa (f), kaféih (m)	قهوة, كافيه
pub (m), bar (m)	bār (m)	بار
sala (f) da tè	ṣalone ʃāy (m)	صالون شاي
cameriere (m)	garsone (m)	جرسون
cameriera (f)	garsona (f)	جرسونة
barista (m)	bārman (m)	بارمان
menù (m)	qā'emet el ṭa'ām (f)	قائمة طعام
lista (f) dei vini	qā'emet el χomūr (f)	قائمة خمور
prenotare un tavolo	ḥagaz sofra	حجز سفرة
piatto (m)	wagba (f)	وجبة
ordinare (~ il pranzo)	ṭalab	طلب
fare un'ordinazione	ṭalab	طلب
aperitivo (m)	ʃarāb (m)	شراب
antipasto (m)	moqabbelāt (pl)	مقبّلات
dolce (m)	ḥalawīāt (pl)	حلويّات
conto (m)	ḥesāb (m)	حساب
pagare il conto	dafa' el ḥesāb	دفع الحساب
dare il resto	edda el bā'y	ادّي الباقي
mancia (f)	ba'ʃīʃ (m)	بقشيش

Famiglia, parenti e amici

45. Informazioni personali. Moduli

nome (m)	esm (m)	اسم
cognome (m)	esm el ʿaʾela (m)	اسم العائلة
data (f) di nascita	tarīχ el melād (m)	تاريخ الميلاد
luogo (m) di nascita	makān el melād (m)	مكان الميلاد
nazionalità (f)	gensiya (f)	جنسيّة
domicilio (m)	maqarr el eqāma (m)	مقرّ الإقامة
paese (m)	balad (m)	بلد
professione (f)	mehna (f)	مهنة
sesso (m)	ginss (m)	جنس
statura (f)	ṭūl (m)	طول
peso (m)	wazn (m)	وزن

46. Membri della famiglia. Parenti

madre (f)	walda (f)	والدة
padre (m)	wāled (m)	والد
figlio (m)	walad (m)	ولد
figlia (f)	bent (f)	بنت
figlia (f) minore	el bent el saɣīra (f)	البنت الصغيرة
figlio (m) minore	el ebn el saɣīr (m)	الابن الصغير
figlia (f) maggiore	el bent el kebīra (f)	البنت الكبيرة
figlio (m) maggiore	el ebn el kabīr (m)	الابن الكبير
fratello (m)	aχ (m)	أخ
fratello (m) maggiore	el aχ el kibīr (m)	الأخ الكبير
fratello (m) minore	el aχ el ṣoɣeyyir (m)	الأخ الصغير
sorella (f)	oχt (f)	أخت
sorella (f) maggiore	el uχt el kibīra (f)	الأخت الكبيرة
sorella (f) minore	el uχt el ṣoɣeyyira (f)	الأخت الصغيرة
cugino (m)	ibn ʿamm (m), ibn χāl (m)	إبن عمّ, إبن خال
cugina (f)	bint ʿamm (f), bint χāl (f)	بنت عم, بنت خال
mamma (f)	mama (f)	ماما
papà (m)	baba (m)	بابا
genitori (m pl)	waldeyn (du)	والدين
bambino (m)	ṭefl (m)	طفل
bambini (m pl)	aṭfāl (pl)	أطفال
nonna (f)	gedda (f)	جدّة
nonno (m)	gadd (m)	جدّ
nipote (m) (figlio di un figlio)	ḥafīd (m)	حفيد

nipote (f)	ḥafīda (f)	حفيدة
nipoti (pl)	aḥfād (pl)	أحفاد
zio (m)	ʿamm (m), χāl (m)	عمّ, خال
zia (f)	ʿamma (f), χāla (f)	عمة, خالة
nipote (m) (figlio di un fratello)	ibn el aχ (m), ibn el uχt (m)	إبن الأخ, إبن الأخت
nipote (f)	bint el aχ (f), bint el uχt (f)	بنت الأخ, بنت الأخت
suocera (f)	ḥamah (f)	حماة
suocero (m)	ḥama (m)	حما
genero (m)	goze el bent (m)	جوز البنت
matrigna (f)	merāt el abb (f)	مرات الأب
patrigno (m)	goze el omm (m)	جوز الأم
neonato (m)	ṭefl raḍeeʿ (m)	طفل رضيع
infante (m)	mawlūd (m)	موّلود
bimbo (m), ragazzino (m)	walad ṣaɣīr (m)	ولد صغير
moglie (f)	goza (f)	جوزة
marito (m)	goze (m)	جوز
coniuge (m)	goze (m)	جوز
coniuge (f)	goza (f)	جوزة
sposato (agg)	metgawwez	متجوّز
sposata (agg)	metgawweza	متجوّزة
celibe (agg)	aʿzab	أعزب
scapolo (m)	aʿzab (m)	أعزب
divorziato (agg)	moṭallaq (m)	مطلّق
vedova (f)	armala (f)	أرملة
vedovo (m)	armal (m)	أرمل
parente (m)	ʾarīb (m)	قريب
parente (m) stretto	nesīb ʾarīb (m)	نسيب قريب
parente (m) lontano	nesīb beʿīd (m)	نسيب بعيد
parenti (m pl)	aqāreb (pl)	أقارب
orfano (m), orfana (f)	yatīm (m)	يتيم
tutore (m)	walyī amr (m)	وليّ أمر
adottare (~ un bambino)	tabanna	تبنّى
adottare (~ una bambina)	tabanna	تبنّى

Medicinali

47. Malattie

malattia (f)	maraḍ (m)	مرض
essere malato	mereḍ	مرض
salute (f)	ṣeḥḥa (f)	صحّة
raffreddore (m)	raʃ-ḥ fel anf (m)	رشح في الأنف
tonsillite (f)	eltehāb el lawzateyn (m)	إلتهاب اللوزتين
raffreddore (m)	zokām (m)	زكام
raffreddarsi (vr)	gālo bard	جاله برد
bronchite (f)	eltehāb ʃoʿaby (m)	إلتهاب شعبيّ
polmonite (f)	eltehāb raʾawy (m)	إلتهاب رئوي
influenza (f)	influenza (f)	إنفلونزا
miope (agg)	ʾaṣīr el naẓar	قصير النظر
presbite (agg)	beʿīd el naẓar	بعيد النظر
strabismo (m)	ḥawal (m)	حوّل
strabico (agg)	aḥwal	أحوّل
cateratta (f)	katarakt (f)	كاتاراكت
glaucoma (m)	glawkoma (f)	جلوكوما
ictus (m) cerebrale	sakta (f)	سكتة
attacco (m) di cuore	azma ʾalbiya (f)	أزمة قلبية
infarto (m) miocardico	nawba ʾalbiya (f)	نوبة قلبية
paralisi (f)	ʃalal (m)	شلل
paralizzare (vt)	ʃall	شلّ
allergia (f)	ḥasasiya (f)	حساسيّة
asma (f)	rabw (m)	ربو
diabete (m)	dāʾ el sokkary (m)	داء السكّري
mal (m) di denti	alam asnān (m)	ألم الأسنان
carie (f)	naχr el asnān (m)	نخر الأسنان
diarrea (f)	es-hāl (m)	إسهال
stitichezza (f)	emsāk (m)	إمساك
disturbo (m) gastrico	eḍṭrāb el meʿda (m)	إضطراب المعدة
intossicazione (f) alimentare	tasammom (m)	تسمّم
intossicarsi (vr)	etsammem	إتسمّم
artrite (f)	eltehāb el mafāṣel (m)	إلتهاب المفاصل
rachitide (f)	kosāḥ el aṭfāl (m)	كساح الأطفال
reumatismo (m)	rheumatism (m)	روماتزم
aterosclerosi (f)	taṣṣallob el ʃarayīn (m)	تصلّب الشرايين
gastrite (f)	eltehāb el meʿda (m)	إلتهاب المعدة
appendicite (f)	eltehāb el zayda el dūdiya (m)	إلتهاب الزائدة الدودية

colecistite (f)	eltehāb el marāra (m)	إلتهاب المرارة
ulcera (f)	qorḥa (f)	قرحة
morbillo (m)	maraḍ el ḥaṣba (m)	مرض الحصبة
rosolia (f)	el ḥaṣba el almaniya (f)	الحصبة الألمانية
itterizia (f)	yaraqān (m)	يرقان
epatite (f)	eltehāb el kabed el vayrūsy (m)	إلتهاب الكبد الفيروسي
schizofrenia (f)	fuṣām (m)	فصام
rabbia (f)	dā' el kalb (m)	داء الكلب
nevrosi (f)	eḍṭrāb ʿaṣaby (m)	إضطراب عصبي
commozione (f) cerebrale	ertegāg el moχ (m)	إرتجاج المخ
cancro (m)	saraṭān (m)	سرطان
sclerosi (f)	taṣṣallob (m)	تصلّب
sclerosi (f) multipla	taṣṣallob motaʿadded (m)	تصلّب متعدّد
alcolismo (m)	edmān el χamr (m)	إدمان الخمر
alcolizzato (m)	modmen el χamr (m)	مدمن الخمر
sifilide (f)	syfilis el zehry (m)	سفلس الزهري
AIDS (m)	el eydz (m)	الايدز
tumore (m)	waram (m)	ورم
maligno (agg)	χabīs	خبيث
benigno (agg)	ḥamīd (m)	حميد
febbre (f)	ḥomma (f)	حمّى
malaria (f)	malaria (f)	ملاريا
cancrena (f)	ɣanɣarīna (f)	غنغرينا
mal (m) di mare	dawār el baḥr (m)	دوار البحر
epilessia (f)	maraḍ el ṣaraʿ (m)	مرض الصرع
epidemia (f)	wabā' (m)	وباء
tifo (m)	tyfus (m)	تيفوس
tubercolosi (f)	maraḍ el soll (m)	مرض السلّ
colera (m)	kōlīra (f)	كوليرا
peste (f)	ṭaʿūn (m)	طاعون

48. Sintomi. Cure. Parte 1

sintomo (m)	ʿaraḍ (m)	عرض
temperatura (f)	ḥarāra (f)	حرارة
febbre (f) alta	ḥomma (f)	حمّى
polso (m)	nabḍ (m)	نبض
capogiro (m)	dawχa (f)	دوخة
caldo (agg)	soχn	سخن
brivido (m)	raʿʃa (f)	رعشة
pallido (un viso ~)	aṣfar	أصفر
tosse (f)	koḥḥa (f)	كحّة
tossire (vi)	kaḥḥ	كحّ
starnutire (vi)	ʿaṭas	عطس

svenimento (m)	dawxa (f)	دوخة
svenire (vi)	oɣma ʿaleyh	أغمي عليه
livido (m)	kadma (f)	كدمة
bernoccolo (m)	tawarrom (m)	تورّم
farsi un livido	etxabaṭ	إتخبط
contusione (f)	raḍḍa (f)	رضّة
farsi male	etkadam	إتكدم
zoppicare (vi)	ʿarag	عرج
slogatura (f)	xalʿ (m)	خلع
slogarsi (vr)	xalaʿ	خلع
frattura (f)	kasr (m)	كسر
fratturarsi (vr)	enkasar	إنكسر
taglio (m)	garḥ (m)	جرح
tagliarsi (vr)	garaḥ nafsoh	جرح نفسه
emorragia (f)	nazīf (m)	نزيف
scottatura (f)	ḥarʾ (m)	حرق
scottarsi (vr)	et-ḥaraʾ	إتحرق
pungere (vt)	waxaz	وخز
pungersi (vr)	waxaz nafso	وخز نفسه
ferire (vt)	aṣāb	أصاب
ferita (f)	eṣāba (f)	إصابة
lesione (f)	garḥ (m)	جرح
trauma (m)	ṣadma (f)	صدمة
delirare (vi)	haza	هذى
tartagliare (vi)	talaʿsam	تلعثم
colpo (m) di sole	ḍarabet ʃams (f)	ضربة شمس

49. Sintomi. Cure. Parte 2

dolore (m), male (m)	alam (m)	ألم
scheggia (f)	ʃazya (f)	شظية
sudore (m)	ʿerʾ (m)	عرق
sudare (vi)	ʿereʾ	عرق
vomito (m)	targeeʿ (m)	ترجيع
convulsioni (f pl)	taʃonnogāt (pl)	تشنّجات
incinta (agg)	ḥāmel	حامل
nascere (vi)	etwalad	اتولّد
parto (m)	welāda (f)	ولادة
essere in travaglio di parto	walad	ولد
aborto (m)	eg-hāḍ (m)	إجهاض
respirazione (f)	tanaffos (m)	تنفّس
inspirazione (f)	estenʃāq (m)	إستنشاق
espirazione (f)	zafīr (m)	زفير
espirare (vi)	zafar	زفر
inspirare (vi)	estanʃaq	إستنشق

invalido (m)	mo'āq (m)	معاق
storpio (m)	moq'ad (m)	مقعد
drogato (m)	modmen moχaddarāt (m)	مدمن مخدّرات
sordo (agg)	aṭraʃ	أطرش
muto (agg)	aχras	أخرس
sordomuto (agg)	aṭraʃ aχras	أطرش أخرس
matto (agg)	magnūn (m)	مجنون
matto (m)	magnūn (m)	مجنون
matta (f)	magnūna (f)	مجنونة
impazzire (vi)	etgannen	اتجنّن
gene (m)	ʒīn (m)	جين
immunità (f)	manā'a (f)	مناعة
ereditario (agg)	werāsy	وراثي
innato (agg)	χolqy men el welāda	خلقي من الولادة
virus (m)	virūs (m)	فيروس
microbo (m)	mikrūb (m)	ميكروب
batterio (m)	garsūma (f)	جرثومة
infezione (f)	'adwa (f)	عدوّى

50. Sintomi. Cure. Parte 3

ospedale (m)	mostaʃfa (m)	مستشفى
paziente (m)	marīḍ (m)	مريض
diagnosi (f)	taʃχīṣ (m)	تشخيص
cura (f)	ʃefā' (m)	شفاء
trattamento (m)	'elāg ṭebby (m)	علاج طبي
curarsi (vr)	et'āleg	اتعالج
curare (vt)	'ālag	عالج
accudire (un malato)	marraḍ	مرّض
assistenza (f)	'enāya (f)	عناية
operazione (f)	'amaliya grāḥiya (f)	عمليّة جراحية
bendare (vt)	ḍammad	ضمّد
fasciatura (f)	taḍmīd (m)	تضميد
vaccinazione (f)	talqīḥ (m)	تلقيح
vaccinare (vt)	laqqaḥ	لقّح
iniezione (f)	ḥo'na (f)	حقنة
fare una puntura	ḥa'an ebra	حقن إبرة
attacco (m) (~ epilettico)	nawba (f)	نوبة
amputazione (f)	batr (m)	بتر
amputare (vt)	batr	بتر
coma (m)	ɣaybūba (f)	غيبوبة
essere in coma	kān fi ḥālet ɣaybūba	كان في حالة غيبوبة
rianimazione (f)	el 'enāya el morakkaza (f)	العناية المركّزة
guarire (vi)	ʃefy	شفي
stato (f) (del paziente)	ḥāla (f)	حالة

conoscenza (f)	wa'y (m)	وعي
memoria (f)	zākera (f)	ذاكرة
estrarre (~ un dente)	χala'	خلع
otturazione (f)	ḥaʃww (m)	حشو
otturare (vt)	ḥaʃa	حشا
ipnosi (f)	el tanwīm el meɣnaṭīsy (m)	التنويم المغناطيسي
ipnotizzare (vt)	nawwem	نوّم

51. Medici

medico (m)	doktore (m)	دكتور
infermiera (f)	momarreḍa (f)	ممرّضة
medico (m) personale	doktore ʃaχṣy (m)	دكتور شخصي
dentista (m)	doktore asnān (m)	دكتور أسنان
oculista (m)	doktore el 'oyūn (m)	دكتور العيون
internista (m)	ṭabīb baṭna (m)	طبيب باطنة
chirurgo (m)	garrāḥ (m)	جرّاح
psichiatra (m)	doktore nafsāny (m)	دكتور نفساني
pediatra (m)	doktore aṭfāl (m)	دكتور أطفال
psicologo (m)	aχeṣā'y 'elm el nafs (m)	أخصائي علم النفس
ginecologo (m)	doktore nesa (m)	دكتور نسا
cardiologo (m)	doktore 'alb (m)	دكتور قلب

52. Medicinali. Farmaci. Accessori

medicina (f)	dawā' (m)	دواء
rimedio (m)	'elāg (m)	علاج
prescrivere (vt)	waṣaf	وصف
prescrizione (f)	waṣfa (f)	وصفة
compressa (f)	'orṣ (m)	قرص
unguento (m)	marham (m)	مرهم
fiala (f)	ambūla (f)	أمبولة
pozione (f)	dawā' ʃorb (m)	دواء شراب
sciroppo (m)	ʃarāb (m)	شراب
pillola (f)	ḥabba (f)	حبّة
polverina (f)	zorūr (m)	ذرور
benda (f)	ḍammāda ʃāʃ (f)	ضمادة شاش
ovatta (f)	'oṭn (m)	قطن
iodio (m)	yūd (m)	يود
cerotto (m)	blaster (m)	بلاستر
contagocce (m)	'aṭṭāra (f)	قطّارة
termometro (m)	termometr (m)	ترمومتر
siringa (f)	serennga (f)	سرنّجة
sedia (f) a rotelle	korsy motaḥarrek (m)	كرسي متحرك
stampelle (f pl)	'okkāz (m)	عكّاز

analgesico (m)	mosakken (m)	مسكّن
lassativo (m)	molayen (m)	مليّن
alcol (m)	etanol (m)	إيثانول
erba (f) officinale	aʿʃāb ṭebbiya (pl)	أعشاب طبّية
d'erbe (infuso ~)	ʿoʃby	عشبي

HABITAT UMANO

Città

53. Città. Vita di città

città (f)	madīna (f)	مدينة
capitale (f)	ʿāṣema (f)	عاصمة
villaggio (m)	qarya (f)	قرية
mappa (f) della città	χarīṭet el madinah (f)	خريطة المدينة
centro (m) della città	wesṭ el balad (m)	وسط البلد
sobborgo (m)	ḍāḥeya (f)	ضاحية
suburbano (agg)	el ḍawāḥy	الضواحي
periferia (f)	aṭrāf el madīna (pl)	أطراف المدينة
dintorni (m pl)	ḍawāḥy el madīna (pl)	ضواحي المدينة
isolato (m)	ḥayī (m)	حي
quartiere residenziale	ḥayī sakany (m)	حي سكني
traffico (m)	ḥaraket el morūr (f)	حركة المرور
semaforo (m)	eʃārāt el morūr (pl)	إشارات المرور
trasporti (m pl) urbani	wasā'el el na'l (pl)	وسائل النقل
incrocio (m)	taqāṭoʿ (m)	تقاطع
passaggio (m) pedonale	maʿbar (m)	معبر
sottopassaggio (m)	nafa' moʃāh (m)	نفق مشاه
attraversare (vt)	ʿabar	عبر
pedone (m)	māʃy (m)	ماشي
marciapiede (m)	raṣīf (m)	رصيف
ponte (m)	kobry (m)	كبري
banchina (f)	korneyʃ (m)	كورنيش
fontana (f)	nafūra (f)	نافورة
vialetto (m)	mamʃa (m)	ممشى
parco (m)	ḥadīqa (f)	حديقة
boulevard (m)	bolvār (m)	بولفار
piazza (f)	medān (m)	ميدان
viale (m), corso (m)	ʃāreʿ (m)	شارع
via (f), strada (f)	ʃāreʿ (m)	شارع
vicolo (m)	zo'ā' (m)	زقاق
vicolo (m) cieco	ṭarī' masdūd (m)	طريق مسدود
casa (f)	beyt (m)	بيت
edificio (m)	mabna (m)	مبنى
grattacielo (m)	nāṭeḥet sahāb (f)	ناطحة سحاب
facciata (f)	waɣa (f)	واجهة
tetto (m)	sa'f (m)	سقف

finestra (f)	ʃebbāk (m)	شبّاك
arco (m)	qose (m)	قوس
colonna (f)	ʻamūd (m)	عمود
angolo (m)	zawya (f)	زاوية
vetrina (f)	vatrīna (f)	فترينة
insegna (f) (di negozi, ecc.)	yafṭa, lāfeta (f)	لافتة, يافطة
cartellone (m)	boster (m)	بوستر
cartellone (m) pubblicitario	boster eʻlān (m)	بوستر إعلان
tabellone (m) pubblicitario	lawḥet eʻlanāt (f)	لوحة إعلانات
pattume (m), spazzatura (f)	zebāla (f)	زبالة
pattumiera (f)	ṣandūʼ zebāla (m)	صندوق زبالة
sporcare (vi)	rama zebāla	رمى زبالة
discarica (f) di rifiuti	mazbala (f)	مزبلة
cabina (f) telefonica	koʃk telefōn (m)	كشك تليفون
lampione (m)	ʻamūd nūr (m)	عمود نور
panchina (f)	korsy (m)	كرسي
poliziotto (m)	ʃorṭy (m)	شرطي
polizia (f)	ʃorṭa (f)	شرطة
mendicante (m)	ʃaḥḥāt (m)	شحّات
barbone (m)	motaʃarred (m)	متشرّد

54. Servizi cittadini

negozio (m)	maḥal (m)	محل
farmacia (f)	ṣaydaliya (f)	صيدليّة
ottica (f)	maḥal naḍḍārāt (m)	محل نضّارات
centro (m) commerciale	mole (m)	مول
supermercato (m)	subermarket (m)	سوبرماركت
panetteria (f)	maχbaz (m)	مخبز
fornaio (m)	χabbāz (m)	خبّاز
pasticceria (f)	ḥalawāny (m)	حلواني
drogheria (f)	baʼʼāla (f)	بقّالة
macelleria (f)	gezāra (f)	جزارة
fruttivendolo (m)	dokkān χoḍār (m)	دكّان خضار
mercato (m)	sūʼ (f)	سوق
caffè (m)	ʼahwa (f), kaféih (m)	قهوة, كافيه
ristorante (m)	maṭʻam (m)	مطعم
birreria (f), pub (m)	bār (m)	بار
pizzeria (f)	maḥal pizza (m)	محل بيتزا
salone (m) di parrucchiere	ṣalone ḥelāʼa (m)	صالون حلاقة
ufficio (m) postale	maktab el barīd (m)	مكتب البريد
lavanderia (f) a secco	dray klīn (m)	دراي كلين
studio (m) fotografico	estudio taṣwīr (m)	إستوديو تصوير
negozio (m) di scarpe	maḥal gezam (m)	محل جزم
libreria (f)	maḥal kotob (m)	محل كتب

negozio (m) sportivo	maḥal mostalzamāt reyaḍiya (m)	محل مستلزمات رياضية
riparazione (f) di abiti	maḥal χeyāṭet malābes (m)	محل خياطة ملابس
noleggio (m) di abiti	ta'gīr malābes rasmiya (m)	تأجير ملابس رسمية
noleggio (m) di film	maḥal ta'gīr video (m)	محل تأجير فيديو
circo (m)	serk (m)	سيرك
zoo (m)	ḥadīqet el ḥayawān (f)	حديقة حيوان
cinema (m)	sinema (f)	سينما
museo (m)	mat-ḥaf (m)	متحف
biblioteca (f)	maktaba (f)	مكتبة
teatro (m)	masraḥ (m)	مسرح
teatro (m) dell'opera	obra (f)	أوبرا
locale notturno (m)	malha leyly (m)	ملهى ليّلي
casinò (m)	kazino (m)	كازينو
moschea (f)	masged (m)	مسجد
sinagoga (f)	kenīs (m)	كنيس
cattedrale (f)	katedra'iya (f)	كاتدرائية
tempio (m)	ma'bad (m)	معبد
chiesa (f)	kenīsa (f)	كنيسة
istituto (m)	kolliya (m)	كليّة
università (f)	gam'a (f)	جامعة
scuola (f)	madrasa (f)	مدرسة
prefettura (f)	moqaṭ'a (f)	مقاطعة
municipio (m)	baladiya (f)	بلديّة
albergo, hotel (m)	fondo' (m)	فندق
banca (f)	bank (m)	بنك
ambasciata (f)	safāra (f)	سفارة
agenzia (f) di viaggi	ʃerket seyāḥa (f)	شركة سياحة
ufficio (m) informazioni	maktab el este'lāmāt (m)	مكتب الإستعلامات
ufficio (m) dei cambi	ṣarrāfa (f)	صرّافة
metropolitana (f)	metro (m)	مترو
ospedale (m)	mostaʃfa (m)	مستشفى
distributore (m) di benzina	maḥaṭṭet banzīn (f)	محطّة بنزين
parcheggio (m)	maw'ef el 'arabeyāt (m)	موقف العربيات

55. Cartelli

insegna (f) (di negozi, ecc.)	yafṭa, lāfeta (f)	لافتة, يافطة
iscrizione (f)	bayān (m)	بيان
cartellone (m)	boster (m)	بوستر
segnale (m) di direzione	'alāmet (f)	علامة إتجاه
freccia (f)	'alāmet eʃāra (f)	علامة إشارة
avvertimento (m)	taḥzīr (m)	تحذير
avviso (m)	lāfetat taḥzīr (f)	لافتة تحذير
avvertire, avvisare (vt)	ḥazzar	حذّر

giorno (m) di riposo	yome ʻoṭla (m)	يوم عطلة
orario (m)	gadwal (m)	جدوَل
orario (m) di apertura	aw'āt el ʻamal (pl)	أوقات العمل
BENVENUTI!	ahlan w sahlan!	أهلاً وسهلا!
ENTRATA	doχūl	دخول
USCITA	χorūg	خروج
SPINGERE	edfaʻ	إدفع
TIRARE	es-ḥab	إسحب
APERTO	maftūḥ	مفتوح
CHIUSO	moɣlaq	مغلق
DONNE	lel sayedāt	للسيدات
UOMINI	lel regāl	للرجال
SCONTI	χoṣomāt	خصومات
SALDI	taχfeḍāt	تخفيضات
NOVITÀ!	gedīd!	جديد!
GRATIS	maggānan	مجّاناً
ATTENZIONE!	entebāh!	إنتباه!
COMPLETO	koll el amāken maḥgūza	كلّ الأماكن محجوزة
RISERVATO	maḥgūz	محجوز
AMMINISTRAZIONE	edāra	إدارة
RISERVATO AL PERSONALE	lel ʻamelīn faqaṭ	للعاملين فقط
ATTENTI AL CANE	eḥzar wogūd kalb	إحذر وجود الكلب
VIETATO FUMARE!	mamnūʻ el tadχīn	ممنوع التدخين
NON TOCCARE	ʻadam el lams	عدم اللمس
PERICOLOSO	χaṭīr	خطير
PERICOLO	χaṭar	خطر
ALTA TENSIONE	tayār ʻāly	تيّار عالي
DIVIETO DI BALNEAZIONE	el sebāḥa mamnūʻa	السباحة ممنوعة
GUASTO	moʻaṭṭal	معطّل
INFIAMMABILE	sareeʻ el eʃteʻāl	سريع الإشتعال
VIETATO	mamnūʻ	ممنوع
VIETATO L'INGRESSO	mamnūʻ el morūr	ممنوع المرور
VERNICE FRESCA	eḥzar ṭelā' ɣayr gāf	احذر طلاء غير جاف

56. Mezzi pubblici in città

autobus (m)	buṣ (m)	باص
tram (m)	trām (m)	ترام
filobus (m)	trolly buṣ (m)	ترولي باص
itinerario (m)	χaṭṭ (m)	خطّ
numero (m)	raqam (m)	رقم
andare in ...	rāḥ be ...	راح بـ ...
salire (~ sull'autobus)	rekeb	ركب

scendere da ...	nezel men	نزل من
fermata (f) (~ dell'autobus)	maw'af (m)	موّقف
prossima fermata (f)	el maḥaṭṭa el gaya (f)	المحطة الجايّة
capolinea (m)	'āχer maw'af (m)	آخر موقف
orario (m)	gadwal (m)	جدوّل
aspettare (vt)	estanna	إستنّى
biglietto (m)	tazkara (f)	تذكرة
prezzo (m) del biglietto	ogra (f)	أجرة
cassiere (m)	kaʃier (m)	كاشيير
controllo (m) dei biglietti	taftīʃ el tazāker (m)	تفتيش التذاكر
bigliettaio (m)	mofatteʃ tazāker (m)	مفتّش تذاكر
essere in ritardo	met'akχer	متأخّر
perdere (~ il treno)	ta'akχar	تأخّر
avere fretta	mesta'gel	مستعجل
taxi (m)	taksi (m)	تاكسي
taxista (m)	sawwā' taksi (m)	سوّاق تاكسي
in taxi	bel taksi	بالتاكسي
parcheggio (m) di taxi	maw'ef taksi (m)	موّقف تاكسي
chiamare un taxi	kallem taksi	كلّم تاكسي
prendere un taxi	aχad taksi	أخد تاكسي
traffico (m)	ḥaraket el morūr (f)	حركة المرور
ingorgo (m)	zaḥmet el morūr (f)	زحمة المرور
ore (f pl) di punta	sā'et el zorwa (f)	ساعة الذروة
parcheggiarsi (vr)	rakan	ركن
parcheggiare (vt)	rakan	ركن
parcheggio (m)	maw'ef el 'arabeyāt (m)	موقف العربيات
metropolitana (f)	metro (m)	مترو
stazione (f)	maḥaṭṭa (f)	محطّة
prendere la metropolitana	aχad el metro	أخد المترو
treno (m)	qeṭār, 'aṭṭr (m)	قطار
stazione (f) ferroviaria	maḥaṭṭet qeṭār (f)	محطّة قطار

57. Visita turistica

monumento (m)	temsāl (m)	تمثال
fortezza (f)	'al'a (f)	قلعة
palazzo (m)	'aṣr (m)	قصر
castello (m)	'al'a (f)	قلعة
torre (f)	borg (m)	برج
mausoleo (m)	ḍarīḥ (m)	ضريح
architettura (f)	handasa me'māriya (f)	هندسة معمارية
medievale (agg)	men el qorūn el wosṭa	من القرون الوسطى
antico (agg)	'atīq	عتيق
nazionale (agg)	waṭany	وطني
famoso (agg)	maʃ-hūr	مشهور
turista (m)	sā'eḥ (m)	سائح
guida (f)	morʃed (m)	مرشد

escursione (f)	gawla (f)	جولة
fare vedere	warra	ورّى
raccontare (vt)	'āl	قال
trovare (vt)	la'a	لقى
perdersi (vr)	ḍā'	ضاع
mappa (f) (~ della metropolitana)	χarīṭa (f)	خريطة
piantina (f) (~ della città)	χarīṭa (f)	خريطة
souvenir (m)	tezkār (m)	تذكار
negozio (m) di articoli da regalo	maḥal hadāya (m)	محل هدايا
fare foto	ṣawwar	صوّر
fotografarsi	etṣawwar	إتصوّر

58. Acquisti

comprare (vt)	eʃtara	إشترى
acquisto (m)	ḥāga (f)	حاجة
fare acquisti	eʃtara	إشترى
shopping (m)	ʃobbing (m)	شوبينج
essere aperto (negozio)	maftūḥ	مفتوح
essere chiuso	moɣlaq	مغلق
calzature (f pl)	gezam (pl)	جزم
abbigliamento (m)	malābes (pl)	ملابس
cosmetica (f)	mawād tagmīl (pl)	مواد تجميل
alimentari (m pl)	akl (m)	أكل
regalo (m)	hediya (f)	هديّة
commesso (m)	bayā' (m)	بيّاع
commessa (f)	bayā'a (f)	بيّاعة
cassa (f)	ṣandū' el daf' (m)	صندوق الدفع
specchio (m)	merāya (f)	مراية
banco (m)	manḍada (f)	منضدة
camerino (m)	ɣorfet el 'eyās (f)	غرفة القياس
provare (~ un vestito)	garrab	جرّب
stare bene (vestito)	nāseb	ناسب
piacere (vi)	'agab	عجب
prezzo (m)	se'r (m)	سعر
etichetta (f) del prezzo	tiket el se'r (m)	تيكت السعر
costare (vt)	kallef	كلّف
Quanto?	bekām?	بكام؟
sconto (m)	χaṣm (m)	خصم
no muy caro (agg)	meʃ ɣāly	مش غالي
a buon mercato	reχīṣ	رخيص
caro (agg)	ɣāly	غالي
È caro	da ɣāly	ده غالي

noleggio (m)	este'gār (m)	إستئجار
noleggiare (~ un abito)	est'gar	إستأجر
credito (m)	e'temān (m)	إئتمان
a credito	bel ta'seeṭ	بالتقسيط

59. Denaro

soldi (m pl)	folūs (pl)	فلوس
cambio (m)	taḥwīl 'omla (m)	تحويل عملة
corso (m) di cambio	se'r el ṣarf (m)	سعر الصرف
bancomat (m)	makinet ṣarrāf 'āly (f)	ماكينة صرّاف آلي
moneta (f)	'erʃ (m)	قرش
dollaro (m)	dolār (m)	دولار
euro (m)	yoro (m)	يورو
lira (f)	lira (f)	ليرة
marco (m)	el mark el almāny (m)	المارك الألماني
franco (m)	frank (m)	فرنك
sterlina (f)	geneyh esterlīny (m)	جنيه استرليني
yen (m)	yen (m)	ين
debito (m)	deyn (m)	دين
debitore (m)	modīn (m)	مدين
prestare (~ i soldi)	sallef	سلّف
prendere in prestito	estalaf	إستلف
banca (f)	bank (m)	بنك
conto (m)	ḥesāb (m)	حساب
versare (vt)	awda'	أودع
versare sul conto	awda' fel ḥesāb	أودع في الحساب
prelevare dal conto	saḥab men el ḥesāb	سحب من الحساب
carta (f) di credito	kredit kard (f)	كريدت كارد
contanti (m pl)	kæʃ (m)	كاش
assegno (m)	ʃīk (m)	شيك
emettere un assegno	katab ʃīk	كتب شيك
libretto (m) di assegni	daftar ʃikāt (m)	دفتر شيكات
portafoglio (m)	maḥfaẓa (f)	محفظة
borsellino (m)	maḥfazet fakka (f)	محفظة فكّة
cassaforte (f)	χazzāna (f)	خزّانة
erede (m)	wāres (m)	وارث
eredità (f)	werāsa (f)	وراثة
fortuna (f)	sarwa (f)	ثروّة
affitto (m), locazione (f)	'a'd el egār (m)	عقد الإيجار
canone (m) d'affitto	ogret el sakan (f)	أجرة السكن
affittare (dare in affitto)	est'gar	إستأجر
prezzo (m)	se'r (m)	سعر
costo (m)	taman (m)	ثمن
somma (f)	mablaɣ (m)	مبلغ

spendere (vt)	ṣaraf	صرف
spese (f pl)	maṣarīf (pl)	مصاريف
economizzare (vi, vt)	waffar	وفّر
economico (agg)	mowaffer	موّفر
pagare (vi, vt)	dafaʿ	دفع
pagamento (m)	dafʿ (m)	دفع
resto (m) (dare il ~)	el bāʾy (m)	الباقي
imposta (f)	ḍarība (f)	ضريبة
multa (f), ammenda (f)	ɣarāma (f)	غرامة
multare (vt)	faraḍ ɣarāma	فرض غرامة

60. Posta. Servizio postale

ufficio (m) postale	maktab el barīd (m)	مكتب البريد
posta (f) (lettere, ecc.)	el barīd (m)	البريد
postino (m)	sāʿy el barīd (m)	ساعي البريد
orario (m) di apertura	awʾāt el ʿamal (pl)	أوقات العمل
lettera (f)	resāla (f)	رسالة
raccomandata (f)	resāla mosaggala (f)	رسالة مسجّلة
cartolina (f)	kart barīdy (m)	كرت بريدي
telegramma (m)	barqiya (f)	برقيّة
pacco (m) postale	ṭard (m)	طرد
vaglia (m) postale	ḥewāla māliya (f)	حوالة مالية
ricevere (vt)	estalam	إستلم
spedire (vt)	arsal	أرسل
invio (m)	ersāl (m)	إرسال
indirizzo (m)	ʿenwān (m)	عنوان
codice (m) postale	raqam el barīd (m)	رقم البريد
mittente (m)	morsel (m)	مرسل
destinatario (m)	morsel elayh (m)	مرسل إليه
nome (m)	esm (m)	اسم
cognome (m)	esm el ʿaʾela (m)	اسم العائلة
tariffa (f)	taʿrīfa (f)	تعريفة
ordinario (agg)	ʿādy	عادي
standard (agg)	mowaffer	موّفر
peso (m)	wazn (m)	وزن
pesare (vt)	wazan	وزن
busta (f)	ẓarf (m)	ظرف
francobollo (m)	ṭābeʿ (m)	طابع
affrancare (vt)	alṣaq ṭābeʿ	ألصق طابع

Abitazione. Casa

61. Casa. Elettricità

elettricità (f)	kahraba' (m)	كهرباء
lampadina (f)	lammba (f)	لمبة
interruttore (m)	meftāḥ (m)	مفتاح
fusibile (m)	fuse (m)	فيوز
filo (m)	selk (m)	سلك
impianto (m) elettrico	aslāk (pl)	أسلاك
contatore (m) dell'elettricità	'addād (m)	عدّاد
lettura, indicazione (f)	qerā'a (f)	قراءة

62. Villa. Palazzo

casa (f) di campagna	villa rīfiya (f)	فيلا ريفيّة
villa (f)	villa (f)	فيلا
ala (f)	genāḥ (m)	جناح
giardino (m)	geneyna (f)	جنينة
parco (m)	ḥadīqa (f)	حديقة
serra (f)	dafī'a (f)	دفيئة
prendersi cura (~ del giardino)	ehtamm	إهتمّ
piscina (f)	ḥammām sebāḥa (m)	حمّام سباحة
palestra (f)	gīm (m)	جيم
campo (m) da tennis	mal'ab tennis (m)	ملعب تنس
home cinema (m)	sinema manzeliya (f)	سينما منزليّة
garage (m)	garāʒ (m)	جراج
proprietà (f) privata	melkiya χāṣa (f)	ملكيّة خاصّة
terreno (m) privato	arḍ χāṣa (m)	أرض خاصّة
avvertimento (m)	taḥzīr (m)	تحذير
cartello (m) di avvertimento	lāfetat taḥzīr (f)	لافتة تحذير
sicurezza (f)	ḥerāsa (f)	حراسة
guardia (f) giurata	ḥāres amn (m)	حارس أمن
allarme (f) antifurto	gehāz enzār (m)	جهاز إنذار

63. Appartamento

appartamento (m)	ʃa''a (f)	شقّة
camera (f), stanza (f)	oḍa (f)	أوضة

camera (f) da letto	oḍet el nome (f)	أوضة النوم
sala (f) da pranzo	oḍet el sofra (f)	أوضة السفرة
salotto (m)	oḍet el esteqbāl (f)	أوضة الإستقبال
studio (m)	maktab (m)	مكتب
ingresso (m)	madχal (m)	مدخل
bagno (m)	ḥammām (m)	حمّام
gabinetto (m)	ḥammām (m)	حمّام
soffitto (m)	sa'f (m)	سقف
pavimento (m)	arḍiya (f)	أرضية
angolo (m)	zawya (f)	زاوية

64. Arredamento. Interno

mobili (m pl)	asās (m)	أثاث
tavolo (m)	maktab (m)	مكتب
sedia (f)	korsy (m)	كرسي
letto (m)	serīr (m)	سرير
divano (m)	kanaba (f)	كنبة
poltrona (f)	korsy (m)	كرسي
libreria (f)	χazzānet kotob (f)	خزّانة كتب
ripiano (m)	raff (m)	رفّ
armadio (m)	dolāb (m)	دولاب
attaccapanni (m) da parete	ʃammā'a (f)	شمّاعة
appendiabiti (m) da terra	ʃammā'a (f)	شمّاعة
comò (m)	dolāb adrāg (m)	دولاب أدراج
tavolino (m) da salotto	ṭarabeyzet el 'ahwa (f)	طرابيزة القهوة
specchio (m)	merāya (f)	مراية
tappeto (m)	seggāda (f)	سجّادة
tappetino (m)	seggāda (f)	سجّادة
camino (m)	daffāya (f)	دفّاية
candela (f)	ʃam'a (f)	شمعة
candeliere (m)	ʃam'adān (m)	شمعدان
tende (f pl)	satā'er (pl)	ستائر
carta (f) da parati	wara' ḥā'eṭ (m)	ورق حائط
tende (f pl) alla veneziana	satā'er ofoqiya (pl)	ستائر أفقيّة
lampada (f) da tavolo	abāʒūr (f)	اباجورة
lampada (f) da parete	lammbet ḥā'eṭ (f)	لمّبة حائط
lampada (f) a stelo	meṣbāḥ arḍy (m)	مصباح أرضي
lampadario (m)	nagafa (f)	نجفة
gamba (f)	regl (f)	رجل
bracciolo (m)	masnad (m)	مسند
spalliera (f)	masnad (m)	مسند
cassetto (m)	dorg (m)	درج

65. Biancheria da letto

biancheria (f) da letto	bayāḍāt el serīr (pl)	بياضات السرير
cuscino (m)	maχadda (f)	مخدّة
federa (f)	kīs el maχadda (m)	كيس المخدّة
coperta (f)	leḥāf (m)	لحاف
lenzuolo (m)	melāya (f)	ملاية
copriletto (m)	ɣaṭā' el serīr (m)	غطاء السرير

66. Cucina

cucina (f)	maṭbaχ (m)	مطبخ
gas (m)	ɣāz (m)	غاز
fornello (m) a gas	botoɣāz (m)	بوتوغاز
fornello (m) elettrico	forn kaharabā'y (m)	فرن كهربائي
forno (m)	forn (m)	فرن
forno (m) a microonde	mikroweyv (m)	ميكروويف
frigorifero (m)	tallāga (f)	ثلاجة
congelatore (m)	freyzer (m)	فريزر
lavastoviglie (f)	ɣassālet aṭbā' (f)	غسّالة أطباق
tritacarne (m)	farrāmet laḥm (f)	فرّامة لحم
spremifrutta (m)	'aṣṣāra (f)	عصّارة
tostapane (m)	maḥmaṣet χobz (f)	محمصة خبز
mixer (m)	χallāṭ (m)	خلّاط
macchina (f) da caffè	makinet ṣon' el 'ahwa (f)	ماكينة صنع القهوة
caffettiera (f)	ɣallāya kahraba'iya (f)	غلّاية القهوة
macinacaffè (m)	maṭ-ḥanet 'ahwa (f)	مطحنة قهوة
bollitore (m)	ɣallāya (f)	غلّاية
teiera (f)	barrād el ʃāy (m)	برّاد الشاي
coperchio (m)	ɣaṭā' (m)	غطاء
colino (m) da tè	maṣfāh el ʃāy (f)	مصفاة الشاي
cucchiaio (m)	ma'la'a (f)	معلقة
cucchiaino (m) da tè	ma'la'et ʃāy (f)	معلقة شاي
cucchiaio (m)	ma'la'a kebīra (f)	ملعقة كبيرة
forchetta (f)	ʃawka (f)	شوكة
coltello (m)	sekkīna (f)	سكّينة
stoviglie (f pl)	awāny (pl)	أواني
piatto (m)	ṭaba' (m)	طبق
piattino (m)	ṭaba' fengān (m)	طبق فنجان
cicchetto (m)	kāsa (f)	كاسة
bicchiere (m) (~ d'acqua)	kobbāya (f)	كوبّاية
tazzina (f)	fengān (m)	فنجان
zuccheriera (f)	sokkariya (f)	سكّريّة
saliera (f)	mamlaḥa (f)	مملحة
pepiera (f)	mobhera (f)	مبهرة

burriera (f)	ṭaba' zebda (m)	طبق زبدة
pentola (f)	ḥalla (f)	حلّة
padella (f)	ṭāsa (f)	طاسة
mestolo (m)	maɣrafa (f)	مغرفة
colapasta (m)	maṣfāh (f)	مصفاه
vassoio (m)	ṣeniya (f)	صينيّة
bottiglia (f)	ezāza (f)	إزازة
barattolo (m) di vetro	barṭamān (m)	برطمان
latta, lattina (f)	kanz (m)	كانز
apribottiglie (m)	fattāḥa (f)	فتّاحة
apriscatole (m)	fattāḥa (f)	فتّاحة
cavatappi (m)	barrīma (f)	بريّمة
filtro (m)	filter (m)	فلتر
filtrare (vt)	ṣaffa	صفّى
spazzatura (f)	zebāla (f)	زبالة
pattumiera (f)	ṣandū' el zebāla (m)	صندوق الزبالة

67. Bagno

bagno (m)	ḥammām (m)	حمّام
acqua (f)	meyāh (f)	مياه
rubinetto (m)	ḥanafiya (f)	حنفيّة
acqua (f) calda	maya soχna (f)	مايّة سخنة
acqua (f) fredda	maya barda (f)	مايّة باردة
dentifricio (m)	ma'gūn asnān (m)	معجون أسنان
lavarsi i denti	naḍḍaf el asnān	نظّف الأسنان
spazzolino (m) da denti	forʃet senān (f)	فرشة أسنان
rasarsi (vr)	ḥala'	حلق
schiuma (f) da barba	raɣwa lel ḥelā'a (f)	رغوة للحلاقة
rasoio (m)	mūs (m)	موس
lavare (vt)	ɣasal	غسل
fare un bagno	estaḥamma	إستحمّى
doccia (f)	doʃ (m)	دوش
fare una doccia	aχad doʃ	أخد دوش
vasca (f) da bagno	banyo (m)	بانيو
water (m)	twalet (m)	تواليت
lavandino (m)	ḥoḍe (m)	حوض
sapone (m)	ṣabūn (m)	صابون
porta (m) sapone	ṣabbāna (f)	صبّانة
spugna (f)	līfa (f)	ليفة
shampoo (m)	ʃambū (m)	شامبو
asciugamano (m)	fūṭa (f)	فوطة
accappatoio (m)	robe el ḥammām (m)	روب حمّام
bucato (m)	ɣasīl (m)	غسيل
lavatrice (f)	ɣassāla (f)	غسّالة

fare il bucato	ɣasal el malābes	غسل الملابس
detersivo (m) per il bucato	mas-ḥū' ɣasīl (m)	مسحوق غسيل

68. Elettrodomestici

televisore (m)	televizion (m)	تليفزيون
registratore (m) a nastro	gehāz tasgīl (m)	جهاز تسجيل
videoregistratore (m)	'āla tasgīl video (f)	آلة تسجيل فيديو
radio (f)	gehāz radio (m)	جهاز راديو
lettore (m)	blayer (m)	بليير
videoproiettore (m)	gehāz 'arḍ (m)	جهاز عرض
home cinema (m)	sinema manzeliya (f)	سينما منزليّة
lettore (m) DVD	dividī blayer (m)	دي في دي بليير
amplificatore (m)	mokabbaer el ṣote (m)	مكبّر الصوت
console (f) video giochi	'ātāry (m)	أتاري
videocamera (f)	kamera video (f)	كاميرا فيديو
macchina (f) fotografica	kamera (f)	كاميرا
fotocamera (f) digitale	kamera diʒital (f)	كاميرا ديجيتال
aspirapolvere (m)	maknasa kahraba'iya (f)	مكنسة كهربائيّة
ferro (m) da stiro	makwa (f)	مكواة
asse (f) da stiro	lawḥet kayī (f)	لوحة كيّ
telefono (m)	telefon (m)	تليفون
telefonino (m)	mobile (m)	موبايل
macchina (f) da scrivere	'āla katba (f)	آلة كاتبة
macchina (f) da cucire	makanet el χeyāṭa (f)	مكنة الخياطة
microfono (m)	mikrofon (m)	ميكروفون
cuffia (f)	samma'āt ra'siya (pl)	سمّاعات رأسية
telecomando (m)	remowt kontrol (m)	ريموت كنترول
CD (m)	sidī (m)	سي دي
cassetta (f)	kasett (m)	كاسيت
disco (m) (vinile)	esṭewāna mūsīqa (f)	أسطوانة موسيقى

ATTIVITÀ UMANA

Lavoro. Affari. Parte 1

69. Ufficio. Lavorare in ufficio

uffici (m pl) (gli ~ della società)	maktab (m)	مكتب
ufficio (m)	maktab (m)	مكتب
portineria (f)	esteʾbāl (m)	إستقبال
segretario (m)	sekerteyr (m)	سكرتير
direttore (m)	modīr (m)	مدير
manager (m)	modīr (m)	مدير
contabile (m)	muḥāseb (m)	محاسب
impiegato (m)	mowazzaf (m)	موظّف
mobili (m pl)	asās (m)	أثاث
scrivania (f)	maktab (m)	مكتب
poltrona (f)	korsy (m)	كرسي
cassettiera (f)	weḥdet adrāg (f)	وحدة أدراج
appendiabiti (m) da terra	ʃammāʿa (f)	شمّاعة
computer (m)	kombuter (m)	كمبيوتر
stampante (f)	ṭābeʿa (f)	طابعة
fax (m)	faks (m)	فاكس
fotocopiatrice (f)	ʾālet nasχ (f)	آلة نسخ
carta (f)	waraʾ (m)	ورق
cancelleria (f)	adawāt maktabiya (pl)	أدوات مكتبية
tappetino (m) del mouse	maws bād (m)	ماوس باد
foglio (m)	waraʾa (f)	ورقة
cartella (f)	malaff (m)	ملفّ
catalogo (m)	fehras (m)	فهرس
elenco (m) del telefono	dalīl el telefone (m)	دليل التليفون
documentazione (f)	wasāʾeq (pl)	وثائق
opuscolo (m)	naʃra (f)	نشرة
volantino (m)	manʃūr (m)	منشور
campione (m)	namūzag (m)	نموذج
formazione (f)	egtemāʿ tadrīb (m)	إجتماع تدريب
riunione (f)	egtemāʿ (m)	إجتماع
pausa (f) pranzo	fatret el ɣadaʾ (f)	فترة الغذاء
copiare (vt)	ṣawwar	صوّر
fare copie	ṣawwar	صوّر
ricevere un fax	estalam faks	إستلم فاكس
spedire un fax	baʿat faks	بعت فاكس
telefonare (vi, vt)	ettaṣal	إتّصل

rispondere (vi, vt)	gāwab	جاوب
passare (glielo passo)	waṣṣal	وصّل
fissare (organizzare)	ḥadded	حدّد
dimostrare (vt)	ʿaraḍ	عرض
essere assente	ɣāb	غاب
assenza (f)	ɣeyāb (m)	غياب

70. Operazioni d'affari. Parte 1

occupazione (f)	ʃoɣl (m)	شغل
ditta (f)	ʃerka (f)	شركة
compagnia (f)	ʃerka (f)	شركة
corporazione (f)	moʾassasa tegariya (f)	مؤسسة تجارية
impresa (f)	ʃerka (f)	شركة
agenzia (f)	wekāla (f)	وكالة
accordo (m)	ettefaqiya (f)	إتّفاقية
contratto (m)	ʿaʾd (m)	عقد
affare (m)	ṣafqa (f)	صفقة
ordine (m) (ordinazione)	ṭalab (m)	طلب
termine (m) dell'accordo	ʃorūṭ (pl)	شروط
all'ingrosso	bel gomla	بالجملة
all'ingrosso (agg)	el gomla	الجملة
vendita (f) all'ingrosso	beyʿ bel gomla (m)	بيع بالجملة
al dettaglio (agg)	yebeeʿ bel tagzeʾa	يبيع بالتجزئة
vendita (f) al dettaglio	maḥal yebeeʿ bel tagzeʾa (m)	محل يبيع بالتجزئة
concorrente (m)	monāfes (m)	منافس
concorrenza (f)	monafsa (f)	منافسة
competere (vi)	nāfes	نافس
socio (m), partner (m)	ʃerīk (m)	شريك
partenariato (m)	ʃarāka (f)	شراكة
crisi (f)	azma (f)	أزمة
bancarotta (f)	eflās (m)	إفلاس
fallire (vi)	falles	فلّس
difficoltà (f)	ṣoʿūba (f)	صعوبة
problema (m)	moʃkela (f)	مشكلة
disastro (m)	karsa (f)	كارثة
economia (f)	eqtiṣād (m)	إقتصاد
economico (agg)	eqteṣādy	إقتصادي
recessione (f) economica	rokūd eqteṣādy (m)	ركود إقتصادي
scopo (m), obiettivo (m)	hadaf (m)	هدف
incarico (m)	mohemma (f)	مهمّة
commerciare (vi)	tāger	تاجر
rete (f) (~ di distribuzione)	ʃabaka (f)	شبكة
giacenza (f)	el maχzūn (m)	المخزون
assortimento (m)	taʃkīla (f)	تشكيلة

leader (m), capo (m)	qā'ed (m)	قائد
grande (agg)	kebīr	كبير
monopolio (m)	eḥtekār (m)	إحتكار
teoria (f)	naẓariya (f)	نظريّة
pratica (f)	momarsa (f)	ممارسة
esperienza (f)	χebra (f)	خبرة
tendenza (f)	ettegāh (m)	إتّجاه
sviluppo (m)	tanmeya (f)	تنمية

71. Operazioni d'affari. Parte 2

profitto (m)	rebḥ (m)	ربح
profittevole (agg)	morbeḥ	مربح
delegazione (f)	wafd (m)	وفد
stipendio (m)	morattab (m)	مرتّب
correggere (vt)	ṣaḥḥaḥ	صحّح
viaggio (m) d'affari	reḥlet 'amal (f)	رحلة عمل
commissione (f)	lagna (f)	لجنة
controllare (vt)	et-ḥakkem	إتحكّم
conferenza (f)	mo'tamar (m)	مؤتمر
licenza (f)	roχṣa (f)	رخصة
affidabile (agg)	mawsūq	موثوق
iniziativa (f) (progetto nuovo)	mobadra (f)	مبادرة
norma (f)	me'yār (m)	معيار
circostanza (f)	ẓarf (m)	ظرف
mansione (f)	wāgeb (m)	واجب
impresa (f)	monaẓẓama (f)	منظّمة
organizzazione (f)	tanẓīm (m)	تنظيم
organizzato (agg)	monaẓẓam	منظّم
annullamento (m)	elɣā' (m)	إلغاء
annullare (vt)	alɣa	ألغى
rapporto (m) (~ ufficiale)	ta'rīr (m)	تقرير
brevetto (m)	bara'et el eχterā' (f)	براءة الإختراع
brevettare (vt)	saggel barā'et eχterā'	سجّل براءة الإختراع
pianificare (vt)	χaṭṭeṭ	خطّط
premio (m)	'alāwa (f)	علاوة
professionale (agg)	mehany	مهني
procedura (f)	egrā' (m)	إجراء
esaminare (~ un contratto)	baḥs fi	بحث في
calcolo (m)	ḥesāb (m)	حساب
reputazione (f)	som'a (f)	سمعة
rischio (m)	moχaṭra (f)	مخاطرة
dirigere (~ un'azienda)	adār	أدار
informazioni (f pl)	ma'lumāt (pl)	معلومات
proprietà (f)	melkiya (f)	ملكيّة

unione (f) (~ Italiana Vini, ecc.)	etteḥād (m)	إتّحاد
assicurazione (f) sulla vita	ta'mīn ʻalal ḥayah (m)	تأمين على الحياة
assicurare (vt)	ammen	أمّن
assicurazione (f)	ta'mīn (m)	تأمين
asta (f)	mazād (m)	مزاد
avvisare (informare)	ballaɣ	بلّغ
gestione (f)	edāra (f)	إدارة
servizio (m)	χadma (f)	خدمة
forum (m)	nadwa (f)	ندوة
funzionare (vi)	adda waẓīfa	أدّى وظيفة
stadio (m) (fase)	marḥala (f)	مرحلة
giuridico (agg)	qanūniya	قانونية
esperto (m) legale	muḥāmy (m)	محامي

72. Attività produttiva. Lavori

stabilimento (m)	maṣnaʻ (m)	مصنع
fabbrica (f)	maṣnaʻ (m)	مصنع
officina (f) di produzione	warʃa (f)	ورشة
stabilimento (m)	maṣnaʻ (m)	مصنع
industria (f)	ṣenāʻa (f)	صناعة
industriale (agg)	ṣenāʻy	صناعي
industria (f) pesante	ṣenāʻa teʼīla (f)	صناعة ثقيلة
industria (f) leggera	ṣenāʻa χafīfa (f)	صناعة خفيفة
prodotti (m pl)	montagāt (pl)	منتجات
produrre (vt)	antag	أنتج
materia (f) prima	mawād χām (pl)	مواد خام
caposquadra (m)	raʼīs el ʻommāl (m)	رئيس العمّال
squadra (f)	farīʼ el ʻommāl (m)	فريق العمّال
operaio (m)	ʻāmel (m)	عامل
giorno (m) lavorativo	yome ʻamal (m)	يوم عمل
pausa (f)	rāḥa (f)	راحة
riunione (f)	egtemāʻ (m)	إجتماع
discutere (~ di un problema)	nāʼeʃ	ناقش
piano (m)	χeṭṭa (f)	خطّة
eseguire il piano	naffez el χeṭṭa	نفّذ الخطّة
tasso (m) di produzione	moʻaddal el entāg (m)	معدّل الإنتاج
qualità (f)	gawda (f)	جودة
controllo (m)	taftīʃ (m)	تفتيش
controllo (m) di qualità	ḍabṭ el gawda (m)	ضبط الجودة
sicurezza (f) sul lavoro	salāmet makān el ʻamal (f)	سلامة مكان العمل
disciplina (f)	enḍebāṭ (m)	إنضباط
infrazione (f)	moχalfa (f)	مخالفة
violare (~ le regole)	χālef	خالف
sciopero (m)	eḍrāb (m)	إضراب

scioperante (m)	moḍrab (m)	مضرب
fare sciopero	aḍrab	أضرب
sindacato (m)	etteḥād el ʿomāl (m)	إتّحاد العمال
inventare (vt)	eχtaraʿ	إخترع
invenzione (f)	eχterāʿ (m)	إختراع
ricerca (f)	baḥs (m)	بحث
migliorare (vt)	ḥassen	حسّن
tecnologia (f)	teknoloʒia (f)	تكنولوجيا
disegno (m) tecnico	rasm teqany (m)	رسم تقني
carico (m)	ʃaḥn (m)	شحن
caricatore (m)	ʃayāl (m)	شيّال
caricare (~ un camion)	ʃaḥn	شحن
caricamento (m)	taḥmīl (m)	تحميل
scaricare (vt)	farraɣ	فرّغ
scarico (m)	tafrīɣ (m)	تفريغ
trasporto (m)	wasāʾel el naʾl (pl)	وسائل النقل
società (f) di trasporti	ʃerket naʾl (f)	شركة نقل
trasportare (vt)	naʾal	نقل
vagone (m) merci	ʿarabet ʃaḥn (f)	عربة شحن
cisterna (f)	χazzān (m)	خزّان
camion (m)	ʃāḥena (f)	شاحنة
macchina (f) utensile	makana (f)	مكنة
meccanismo (m)	ʾāliya (f)	آليّة
rifiuti (m pl) industriali	moχallafāt ṣenaʿiya (pl)	مخلفات صناعية
imballaggio (m)	taʿbeʾa (f)	تعبئة
imballare (vt)	ʿabba	عبّأ

73. Contratto. Accordo

contratto (m)	ʿaʾd (m)	عقد
accordo (m)	ettefāʾ (m)	إتّفاق
allegato (m)	molḥaʾ (m)	ملحق
firmare un contratto	waqqaʿ ʿala ʿaʾd	وقّع على عقد
firma (f)	tawqeeʿ (m)	توقيع
firmare (vt)	waqqaʿ	وقّع
timbro (m) (su documenti)	χetm (m)	ختم
oggetto (m) del contratto	mawḍūʿ el ʿaʾd (m)	موضوع العقد
clausola (f)	band (m)	بند
parti (f pl) (in un contratto)	aṭrāf (pl)	أطراف
sede (f) legale	ʿenwān qanūny (m)	عنوان قانوني
sciogliere un contratto	χālef el ʿaʾd	خالف العقد
obbligo (m)	eltezām (m)	إلتزام
responsabilità (f)	masʾoliya (f)	مسؤوليّة
forza (f) maggiore	ʾowwa qāhera (m)	قوّة قاهرة
discussione (f)	χelāf (m)	خلاف
sanzioni (f pl)	ʿoqobāt (pl)	عقوبات

74. Import-export

importazione (f)	esterād (m)	إستيراد
importatore (m)	mostawred (m)	مستوّرد
importare (vt)	estawrad	إستوّرد
d'importazione (agg)	wāred	وارد
esportazione (f)	taṣdīr (m)	تصدير
esportatore (m)	moṣadder (m)	مصدّر
esportare (vt)	ṣaddar	صدّر
d'esportazione (agg)	sādir	صادر
merce (f)	baḍā'e' (pl)	بضائع
carico (m)	ʃoḥna (f)	شحنة
peso (m)	wazn (m)	وزن
volume (m)	ḥagm (m)	حجم
metro (m) cubo	metr moka''ab (m)	متر مكعّب
produttore (m)	el ʃerka el moṣanne'a (f)	الشركة المصنّعة
società (f) di trasporti	ʃerket na'l (f)	شركة نقل
container (m)	ḥāweya (f)	حاوية
frontiera (f)	ḥadd (m)	حدّ
dogana (f)	gamārek (pl)	جمارك
dazio (m) doganale	rasm gomroky (m)	رسم جمركي
doganiere (m)	mowazzaf el gamārek (m)	موظّف الجمارك
contrabbando (m)	tahrīb (m)	تهريب
merci (f pl) contrabbandate	beḍā'a moharraba (pl)	بضاعة مهربة

75. Mezzi finanziari

azione (f)	sahm (m)	سهم
obbligazione (f)	sanad (m)	سند
cambiale (f)	kembyāla (f)	كمبيالة
borsa (f)	borṣa (f)	بورصة
quotazione (f)	se'r el sahm (m)	سعر السهم
diminuire di prezzo	reχeṣ	رخص
aumentare di prezzo	ʃely	غلي
quota (f)	naṣīb (m)	نصيب
pacchetto (m) di maggioranza	el magmū'a el mosayṭara (f)	المجموعة المسيطرة
investimento (m)	estesmār (pl)	إستثمار
investire (vt)	estasmar	إستثمر
percento (m)	bel me'a - bel miya	بالمئة
interessi (m pl) (su investimenti)	fayda (f)	فائدة
profitto (m)	rebḥ (m)	ربح
redditizio (agg)	morbeḥ	مربح
imposta (f)	ḍarība (f)	ضريبة

valuta (f) (~ estera)	ʿomla (f)	عملة
nazionale (agg)	waṭany	وطني
cambio (m) (~ valuta)	taḥwīl (m)	تحويل
contabile (m)	muḥāseb (m)	محاسب
ufficio (m) contabilità	maḥasba (f)	محاسبة
bancarotta (f)	eflās (m)	إفلاس
fallimento (m)	enheyār (m)	إنهيار
rovina (f)	eflās (m)	إفلاس
andare in rovina	falles	فلّس
inflazione (f)	taḍakχom māly (m)	تضخّم مالي
svalutazione (f)	taχfīḍ qīmet ʿomla (m)	تخفيض قيمة عملة
capitale (m)	ra'ʾs māl (m)	رأس مال
reddito (m)	daχl (m)	دخل
giro (m) di affari	dawret raʾs el māl (f)	دورة رأس المال
risorse (f pl)	mawāred (pl)	موارد
mezzi (m pl) finanziari	el mawāred el naqdiya (pl)	الموارد النقديّة
spese (f pl) generali	nafaʾāt ʿāmma (pl)	نفقات عامّة
ridurre (~ le spese)	χaffaḍ	خفّض

76. Marketing

marketing (m)	taswīʾ (m)	تسويق
mercato (m)	sūʾ (f)	سوق
segmento (m) di mercato	qaṭāʿ el sūʾ (m)	قطاع السوق
prodotto (m)	montag (m)	منتج
merce (f)	baḍāʾeʿ (pl)	بضائع
marca (f)	mārka (f)	ماركة
marchio (m) di fabbrica	marka tegāriya (f)	ماركة تجاريّة
logotipo (m)	ʃeʿār (m)	شعار
logo (m)	ʃeʿār (m)	شعار
domanda (f)	ṭalab (m)	طلب
offerta (f)	mUʿİddāt (pl)	معدّات
bisogno (m)	ḥāga (f)	حاجة
consumatore (m)	mostahlek (m)	مستهلك
analisi (f)	taḥlīl (m)	تحليل
analizzare (vt)	ḥallel	حلّل
posizionamento (m)	waḍʿ (m)	وضع
posizionare (vt)	waḍaʿ	وضع
prezzo (m)	seʿr (m)	سعر
politica (f) dei prezzi	seyāset el asʿār (f)	سياسة الأسعار
determinazione (f) dei prezzi	taʃkīl el asʿār (m)	تشكيل الأسعار

77. Pubblicità

pubblicità (f)	eʿlān (m)	إعلان
pubblicizzare (vt)	aʿlan	أعلن

bilancio (m) (budget)	mezaniya (f)	ميزانية
annuncio (m)	e'lān (m)	إعلان
pubblicità (f) televisiva	e'lān fel televizīōn (m)	إعلان في التليفزيون
pubblicità (f) radiofonica	e'lān fel radio (m)	إعلان في الراديو
pubblicità (f) esterna	e'lān zahery (m)	إعلان ظاهري
mass media (m pl)	wasā'el el e'lām (pl)	وسائل الإعلام
periodico (m)	magalla dawriya (f)	مجلّة دوريّة
immagine (f)	imyʒ (m)	إيميج
slogan (m)	ʃe'ār (m)	شعار
motto (m)	ʃe'ār (m)	شعار
campagna (f)	ḥamla (f)	حملة
campagna (f) pubblicitaria	ḥamla e'laniya (f)	حملة إعلانيّة
gruppo (m) di riferimento	magmū'a mostahdafa (f)	مجموعة مستهدفة
biglietto (m) da visita	kart el 'amal (m)	كارت العمل
volantino (m)	manʃūr (m)	منشور
opuscolo (m)	naʃra (f)	نشرة
pieghevole (m)	kotayeb (m)	كتيّب
bollettino (m)	naʃra eχbariya (f)	نشرة إخبارية
insegna (f) (di negozi, ecc.)	yafṭa, lāfeta (f)	لافتة, يافطة
cartellone (m)	boster (m)	بوستر
tabellone (m) pubblicitario	lawḥet e'lanāt (f)	لوحة إعلانات

78. Attività bancaria

banca (f)	bank (m)	بنك
filiale (f)	far' (m)	فرع
consulente (m)	mowazzaf bank (m)	موظّف بنك
direttore (m)	modīr (m)	مدير
conto (m) bancario	ḥesāb bank (m)	حساب بنك
numero (m) del conto	raqam el ḥesāb (m)	رقم الحساب
conto (m) corrente	ḥesāb gāry (m)	حساب جاري
conto (m) di risparmio	ḥesāb tawfīr (m)	حساب توّفير
aprire un conto	fataḥ ḥesāb	فتح حساب
chiudere il conto	'afal ḥesāb	قفل حساب
versare sul conto	awda' fel ḥesāb	أودع في الحساب
prelevare dal conto	saḥab men el ḥesāb	سحب من الحساب
deposito (m)	wadee'a (f)	وديعة
depositare (vt)	awda'	أودع
trasferimento (m) telegrafico	ḥewāla maṣrefiya (f)	حوالة مصرفيّة
rimettere i soldi	ḥawwel	حوّل
somma (f)	mablaɣ (m)	مبلغ
Quanto?	kām?	كام؟
firma (f)	tawqee' (m)	توقيع
firmare (vt)	waqqa'	وقّع

carta (f) di credito	kredit kard (f)	كريدت كارد
codice (m)	kōd (m)	كود
numero (m) della carta di credito	raqam el kredit kard (m)	رقم الكريدت كارد
bancomat (m)	makinet ṣarrāf 'āly (f)	ماكينة صرّاف آلي
assegno (m)	ʃīk (m)	شيك
emettere un assegno	katab ʃīk	كتب شيك
libretto (m) di assegni	daftar ʃikāt (m)	دفتر شيكات
prestito (m)	qarḍ (m)	قرض
fare domanda per un prestito	'addem ṭalab 'ala qarḍ	قدّم طلب على قرض
ottenere un prestito	ḥaṣal 'ala qarḍ	حصل على قرض
concedere un prestito	edda qarḍ	ادّى قرض
garanzia (f)	ḍamān (m)	ضمان

79. Telefono. Conversazione telefonica

telefono (m)	telefon (m)	تليفون
telefonino (m)	mobile (m)	موبايل
segreteria (f) telefonica	gehāz radd 'alal mokalmāt (m)	جهاز ردّ على المكالمات
telefonare (vi, vt)	ettaṣal	إتّصل
chiamata (f)	mokalma telefoniya (f)	مكالمة تليفونية
comporre un numero	ettaṣal be raqam	إتّصل برقم
Pronto!	alo!	ألو!
chiedere (domandare)	sa'al	سأل
rispondere (vi, vt)	radd	ردّ
udire (vt)	seme'	سمع
bene	kewayes	كويّس
male	meʃ kowayīs	مش كويّس
disturbi (m pl)	taʃwīʃ (m)	تشويش
cornetta (f)	sammā'a (f)	سمّاعة
alzare la cornetta	rafa' el sammā'a	رفع السمّاعة
riattaccare la cornetta	'afal el sammā'a	قفل السمّاعة
occupato (agg)	maʃɣūl	مشغول
squillare (del telefono)	rann	رنّ
elenco (m) telefonico	dalīl el telefone (m)	دليل التليفون
locale (agg)	maḥalliyya	ة محلّيّة
telefonata (f) urbana	mokalma maḥalliya (f)	مكالمة محلّيّة
interurbano (agg)	bi'īd	بعيد
telefonata (f) interurbana	mokalma bi'īda (f)	مكالمة بعيدة المدى
internazionale (agg)	dowly	دوّلي
telefonata (f) internazionale	mokalma dowliya (f)	مكالمة دوليّة

80. Telefono cellulare

telefonino (m)	mobile (m)	موبايل
schermo (m)	'arḍ (m)	عرض

tasto (m)	zerr (m)	زرّ
scheda SIM (f)	sim kard (m)	سيم كارد
pila (f)	baṭṭariya (f)	بطّاريّة
essere scarico	χelṣet	خلصت
caricabatteria (m)	ʃāḥen (m)	شاحن
menù (m)	qā'ema (f)	قائمة
impostazioni (f pl)	awḍāʻ (pl)	أوضاع
melodia (f)	naɣama (f)	نغمة
scegliere (vt)	eχtār	إختار
calcolatrice (f)	'āla ḥasba (f)	آلة حاسبة
segreteria (f) telefonica	barīd ṣawty (m)	بريد صوتي
sveglia (f)	monabbeh (m)	منبّه
contatti (m pl)	gehāt el etteṣāl (pl)	جهات الإتّصال
messaggio (m) SMS	resāla 'aṣīra ɛsɛmɛs (f)	رسالة قصيرة sms
abbonato (m)	moʃtarek (m)	مشترك

81. Articoli di cancelleria

penna (f) a sfera	'alam gāf (m)	قلم جاف
penna (f) stilografica	'alam rīʃa (m)	قلم ريشة
matita (f)	'alam roṣāṣ (m)	قلم رصاص
evidenziatore (m)	markar (m)	ماركر
pennarello (m)	'alam fulumaster (m)	قلم فلوماستر
taccuino (m)	mozakkera (f)	مذكّرة
agenda (f)	gadwal el aʻmāl (m)	جدول الأعمال
righello (m)	masṭara (f)	مسطرة
calcolatrice (f)	'āla ḥasba (f)	آلة حاسبة
gomma (f) per cancellare	astīka (f)	استيكة
puntina (f)	dabbūs (m)	دبّوس
graffetta (f)	dabbūs wara' (m)	دبّوس ورق
colla (f)	ṣamɣ (m)	صمغ
pinzatrice (f)	dabbāsa (f)	دبّاسة
perforatrice (f)	χarrāma (m)	خرّامة
temperamatite (m)	barrāya (f)	برّاية

82. Generi di attività commerciali

servizi (m pl) di contabilità	χedamāt moḥasba (pl)	خدمات محاسبة
pubblicità (f)	eʻlān (m)	إعلان
agenzia (f) pubblicitaria	wekālet eʻlān (f)	وكالة إعلان
condizionatori (m pl) d'aria	takyīf (m)	تكييف
compagnia (f) aerea	ʃerket ṭayarān (f)	شركة طيران
bevande (f pl) alcoliche	maʃrūbāt koḥūliya (pl)	مشروبات كحوليّة
antiquariato (m)	toḥaf (pl)	تحف

galleria (f) d'arte	maʿraḍ fanny (m)	معرض فنّي
società (f) di revisione contabile	χedamāt faḥṣ el ḥesābāt (pl)	خدمات فحص الحسابات
imprese (f pl) bancarie	el qeṭāʿ el maṣrefy (m)	القطاع المصرفي
bar (m)	bār (m)	بار
salone (m) di bellezza	ṣalone tagmīl (m)	صالون تجميل
libreria (f)	maḥal kotob (m)	محل كتب
birreria (f)	maṣnaʿ bīra (m)	مصنع بيرة
business centre (m)	markaz tegāry (m)	مركز تجاري
scuola (f) di commercio	kolliyet edāret el aʿmāl (f)	كلّية إدارة الأعمال
casinò (m)	kazino (m)	كازينو
edilizia (f)	benāʾ (m)	بناء
consulenza (f)	esteʃāra (f)	إستشارة
odontoiatria (f)	ʿeyādet asnān (f)	عيادة أسنان
design (m)	taṣmīm (m)	تصميم
farmacia (f)	ṣaydaliya (f)	صيدليّة
lavanderia (f) a secco	dray klīn (m)	دراي كلين
agenzia (f) di collocamento	wekālet tawẓīf (f)	وكالة توّظيف
servizi (m pl) finanziari	χedamāt māliya (pl)	خدمات ماليّة
industria (f) alimentare	akl (m)	أكل
agenzia (f) di pompe funebri	maktab motaʿahhed el dafn (m)	مكتب متعهّد الدفن
mobili (m pl)	asās (m)	أثاث
abbigliamento (m)	malābes (pl)	ملابس
albergo, hotel (m)	fondoʾ (m)	فندق
gelato (m)	ʾays krīm (m)	آيس كريم
industria (f)	ṣenāʿa (f)	صناعة
assicurazione (f)	taʾmīn (m)	تأمين
internet (f)	internet (m)	إنترنت
investimenti (m pl)	estesmarāt (pl)	إستثمارات
gioielliere (m)	ṣāʾeɣ (m)	صائغ
gioielli (m pl)	mogawharāt (pl)	مجوهرات
lavanderia (f)	maɣsala (f)	مغسلة
consulente (m) legale	χedamāt qanūniya (pl)	خدمات قانونيّة
industria (f) leggera	ṣenāʿa χafīfa (f)	صناعة خفيفة
rivista (f)	magalla (f)	مجلّة
vendite (f pl) per corrispondenza	beyʿ be neẓām el barīd (m)	بيع بنظام البريد
medicina (f)	ṭebb (m)	طبّ
cinema (m)	sinema (f)	سينما
museo (m)	mat-ḥaf (m)	متحف
agenzia (f) di stampa	wekāla eχbariya (f)	وكالة إخبارية
giornale (m)	garīda (f)	جريدة
locale notturno (m)	malha leyly (m)	ملهى ليّلي
petrolio (m)	nafṭ (m)	نفط
corriere (m) espresso	χedamāt el ʃaḥn (pl)	خدمات الشحن
farmaci (m pl)	ṣaydala (f)	صيدلة

stampa (f) (~ di libri)	ṭebāʿa (f)	طباعة
casa (f) editrice	dar el ṭebāʿa wel naʃr (f)	دار الطباعة والنشر
radio (f)	radio (m)	راديو
beni (m pl) immobili	ʿeqarāt (pl)	عقارات
ristorante (m)	maṭʿam (m)	مطعم
agenzia (f) di sicurezza	ʃerket amn (f)	شركة أمن
sport (m)	reyāḍa (f)	رياضة
borsa (f)	borṣa (f)	بورصة
negozio (m)	maḥal (m)	محل
supermercato (m)	subermarket (m)	سوبرماركت
piscina (f)	ḥammām sebāḥa (m)	حمّام سباحة
sartoria (f)	maḥal χeyāṭa (m)	محل خياطة
televisione (f)	televizion (m)	تليفزيون
teatro (m)	masraḥ (m)	مسرح
commercio (m)	tegāra (f)	تجارة
mezzi (m pl) di trasporto	wasāʾel el naʾl (pl)	وسائل النقل
viaggio (m)	safar (m)	سفر
veterinario (m)	doktore beṭary (m)	دكتور بيطري
deposito, magazzino (m)	mostawdaʿ (m)	مستودع
trattamento (m) dei rifiuti	gamaʿ el nefayāt (m)	جمع النفايات

Lavoro. Affari. Parte 2

83. Spettacolo. Mostra

fiera (f)	maʿraḍ (m)	معرض
fiera (f) campionaria	maʿraḍ tegāry (m)	معرض تجاري
partecipazione (f)	eʃterāk (m)	إشتراك
partecipare (vi)	ʃārek	شارك
partecipante (m)	moʃtarek (m)	مشترك
direttore (m)	modīr (m)	مدير
ufficio (m) organizzativo	maktab el monaẓẓemīn (m)	مكتب المنظّمين
organizzatore (m)	monazzem (m)	منظّم
organizzare (vt)	nazzam	نظّم
domanda (f) di partecipazione	estemāret el eʃterak (f)	إستمارة الإشتراك
riempire (vt)	mala	ملأ
dettagli (m pl)	tafaṣīl (pl)	تفاصيل
informazione (f)	esteʿlamāt (pl)	إستعلامات
prezzo (m)	seʿr (m)	سعر
incluso (agg)	bema feyh	بما فيه
includere (vt)	taḍamman	تضمّن
pagare (vi, vt)	dafaʿ	دفع
quota (f) d'iscrizione	rosūm el tasgīl (pl)	رسوم التسجيل
entrata (f)	madχal (m)	مدخل
padiglione (m)	genāḥ (m)	جناح
registrare (vt)	saggel	سجّل
tesserino (m)	ʃāra (f)	شارة
stand (m)	koʃk (m)	كشك
prenotare (riservare)	ḥagaz	حجز
vetrina (f)	vatrīna (f)	فترينة
faretto (m)	kasʃāf el nūr (m)	كشّاف النور
design (m)	taṣmīm (m)	تصميم
collocare (vt)	ḥaṭṭ	حطّ
distributore (m)	mowazzeʿ (m)	موزّع
fornitore (m)	mowarred (m)	مورد
paese (m)	balad (m)	بلد
straniero (agg)	agnaby	أجنبي
prodotto (m)	montag (m)	منتج
associazione (f)	gamʿiya (f)	جمعيّة
sala (f) conferenze	qāʿet el moʾtamarāt (f)	قاعة المؤتمرات
congresso (m)	moʾtamar (m)	مؤتمر

concorso (m)	mosab'a (f)	مسابقة
visitatore (m)	zā'er (m)	زائر
visitare (vt)	ḥaḍar	حضر
cliente (m)	zobūn (m)	زبون

84. Scienza. Ricerca. Scienziati

scienza (f)	'elm (m)	علم
scientifico (agg)	'elmy	علمي
scienziato (m)	'ālem (m)	عالم
teoria (f)	naẓariya (f)	نظريّة
assioma (m)	badīhiya (f)	بديهيّة
analisi (f)	taḥlīl (m)	تحليل
analizzare (vt)	ḥallel	حلّل
argomento (m)	borhān (m)	برهان
sostanza, materia (f)	madda (f)	مادّة
ipotesi (f)	faraḍiya (f)	فرضيّة
dilemma (m)	mo'ḍela (f)	معضلة
tesi (f)	resāla 'elmiya (f)	رسالة علميّة
dogma (m)	'aqīda (f)	عقيدة
dottrina (f)	mazhab (m)	مذهب
ricerca (f)	baḥs (m)	بحث
fare ricerche	baḥs	بحث
prova (f)	eχtebārāt (pl)	إختبارات
laboratorio (m)	moχtabar (m)	مختبر
metodo (m)	manhag (m)	منهج
molecola (f)	gozaye' (m)	جزيء
monitoraggio (m)	reqāba (f)	رقابة
scoperta (f)	ekteʃāf (m)	إكتشاف
postulato (m)	mosallama (f)	مسلّمة
principio (m)	mabda' (m)	مبدأ
previsione (f)	tanabbo' (m)	تنبّؤ
fare previsioni	tanabba'	تنبّأ
sintesi (f)	tarkīb (m)	تركيب
tendenza (f)	ettegāh (m)	إتّجاه
teorema (m)	naẓariya (f)	نظريّة
insegnamento (m)	ta'alīm (pl)	تعاليم
fatto (m)	ḥa'ī'a (f)	حقيقة
spedizione (f)	be'sa (f)	بعثة
esperimento (m)	tagreba (f)	تجربة
accademico (m)	akadīmy (m)	أكاديمي
laureato (m)	bakaleryūs (m)	بكالوريوس
dottore (m)	doktore (m)	دكتور
professore (m) associato	ostāz moʃārek (m)	أستاذ مشارك
Master (m)	maʒestīr (m)	ماجستير
professore (m)	brofessor (m)	بروفيسور

Professioni e occupazioni

85. Ricerca di un lavoro. Licenziamento

lavoro (m)	ʿamal (m)	عمل
organico (m)	kawādir (pl)	كوادر
personale (m)	ṭāqem el ʿāmelīn (m)	طاقم العاملين
carriera (f)	mehna (f)	مهنة
prospettiva (f)	'āfāq (pl)	آفاق
abilità (f pl)	maharāt (pl)	مهارات
selezione (f) (~ del personale)	eχteyār (m)	إختيار
agenzia (f) di collocamento	wekālet tawẓīf (f)	وكالة توّظيف
curriculum vitae (f)	sīra zātiya (f)	سيرة ذاتيّة
colloquio (m)	mo'ablet ʿamal (f)	مقابلة عمل
posto (m) vacante	wazīfa χaleya (f)	وظيفة خالية
salario (m)	morattab (m)	مرتّب
stipendio (m) fisso	rāteb sābet (m)	راتب ثابت
compenso (m)	ogra (f)	أجرة
carica (f), funzione (f)	manṣeb (m)	منصب
mansione (f)	wāgeb (m)	واجب
mansioni (f pl) di lavoro	magmūʿa men el wāgebāt (f)	مجموعة من الواجبات
occupato (agg)	maʃɣūl	مشغول
licenziare (vt)	rafad	رفد
licenziamento (m)	eqāla (m)	إقالة
disoccupazione (f)	baṭāla (f)	بطالة
disoccupato (m)	ʿāṭel (m)	عاطل
pensionamento (m)	maʿāʃ (m)	معاش
andare in pensione	oḥīl ʿala el maʿāʃ	أحيل على المعاش

86. Gente d'affari

direttore (m)	modīr (m)	مدير
dirigente (m)	modīr (m)	مدير
capo (m)	ra'īs (m)	رئيس
superiore (m)	motafawweq (m)	متفوّق
capi (m pl)	ro'asā' (pl)	رؤساء
presidente (m)	ra'īs (m)	رئيس
presidente (m) (impresa)	ra'īs (m)	رئيس
vice (m)	nā'eb (m)	نائب
assistente (m)	mosāʿed (m)	مساعد

segretario (m)	sekerteyr (m)	سكرتير
assistente (m) personale	sekerteyr χāṣ (m)	سكرتير خاص
uomo (m) d'affari	ragol a'māl (m)	رجل أعمال
imprenditore (m)	rā'ed a'māl (m)	رائد أعمال
fondatore (m)	mo'asses (m)	مؤسّس
fondare (vt)	asses	أسّس
socio (m)	mo'asses (m)	مؤسّس
partner (m)	ʃerīk (m)	شريك
azionista (m)	mālek el as-hom (m)	مالك الأسهم
milionario (m)	millyonīr (m)	مليونير
miliardario (m)	milliardīr (m)	مليادرير
proprietario (m)	ṣāḥeb (m)	صاحب
latifondista (m)	ṣāḥeb el arḍ (m)	صاحب الأرض
cliente (m) (di professionista)	'amīl (m)	عميل
cliente (m) abituale	'amīl dā'em (m)	عميل دائم
compratore (m)	moʃtary (m)	مشتري
visitatore (m)	zā'er (m)	زائر
professionista (m)	moḥtaref (m)	محترف
esperto (m)	χabīr (m)	خبير
specialista (m)	motaχaṣṣeṣ (m)	متخصّص
banchiere (m)	ṣāḥeb maṣraf (m)	صاحب مصرف
broker (m)	semsār (m)	سمسار
cassiere (m)	'āmel kaʃier (m)	عامل كاشيير
contabile (m)	muḥāseb (m)	محاسب
guardia (f) giurata	ḥāres amn (m)	حارس أمن
investitore (m)	mostasmer (m)	مستثمر
debitore (m)	modīn (m)	مدين
creditore (m)	dā'en (m)	دائن
mutuatario (m)	moqtareḍ (m)	مقترض
importatore (m)	mostawred (m)	مستوّرد
esportatore (m)	moṣadder (m)	مصدّر
produttore (m)	el ʃerka el moṣanne'a (f)	الشركة المصنّعة
distributore (m)	mowazze' (m)	موزّع
intermediario (m)	wasīṭ (m)	وسيط
consulente (m)	mostaʃār (m)	مستشار
rappresentante (m)	mandūb mabi'āt (m)	مندوب مبيعات
agente (m)	wakīl (m)	وكيل
assicuratore (m)	wakīl el ta'mīn (m)	وكيل التأمين

87. Professioni amministrative

cuoco (m)	ṭabbāχ (m)	طبّاخ
capocuoco (m)	el ʃeyf (m)	الشيف

fornaio (m)	xabbāz (m)	خبّاز
barista (m)	bārman (m)	بارمان
cameriere (m)	garsone (m)	جرسون
cameriera (f)	garsona (f)	جرسونة
avvocato (m)	muḥāmy (m)	محامي
esperto (m) legale	muḥāmy xabīr qanūny (m)	محامي خبير قانوني
notaio (m)	mowassaq (m)	موثّق
elettricista (m)	kahrabā'y (m)	كهربائي
idraulico (m)	samkary (m)	سمكري
falegname (m)	naggār (m)	نجّار
massaggiatore (m)	modallek (m)	مدلّك
massaggiatrice (f)	modalleka (f)	مدلّكة
medico (m)	doktore (m)	دكتور
taxista (m)	sawwā' taksi (m)	سوّاق تاكسي
autista (m)	sawwā' (m)	سوّاق
fattorino (m)	rāgel el delivery (m)	راجل الديلفري
cameriera (f)	'āmela tandīf ɣoraf (f)	عاملة تنظيف غرف
guardia (f) giurata	ḥāres amn (m)	حارس أمن
hostess (f)	moḍīfet ṭayarān (f)	مضيفة طيران
insegnante (m, f)	modarres madrasa (m)	مدرّس مدرسة
bibliotecario (m)	amīn maktaba (m)	أمين مكتبة
traduttore (m)	motargem (m)	مترجم
interprete (m)	motargem fawwry (m)	مترجم فوّري
guida (f)	morʃed (m)	مرشد
parrucchiere (m)	ḥallā' (m)	حلّاق
postino (m)	sā'y el barīd (m)	ساعي البريد
commesso (m)	bayā' (m)	بيّاع
giardiniere (m)	bostāny (m)	بستاني
domestico (m)	xādema (m)	خادمة
domestica (f)	xadema (f)	خادمة
donna (f) delle pulizie	'āmela tandīf (f)	عاملة تنظيف

88. Professioni militari e gradi

soldato (m) semplice	gondy (m)	جنّدي
sergente (m)	raqīb tāny (m)	رقيب تاني
tenente (m)	molāzem tāny (m)	ملازم تاني
capitano (m)	naqīb (m)	نقيب
maggiore (m)	rā'ed (m)	رائد
colonnello (m)	'aqīd (m)	عقيد
generale (m)	ʒenerāl (m)	جنرال
maresciallo (m)	marʃāl (m)	مارشال
ammiraglio (m)	amerāl (m)	أميرال
militare (m)	'askary (m)	عسكري
soldato (m)	gondy (m)	جنّدي

ufficiale (m)	ḍābeṭ (m)	ضابط
comandante (m)	qā'ed (m)	قائد
guardia (f) di frontiera	ḥaras ḥodūd (m)	حرس حدود
marconista (m)	'āmel lāselky (m)	عامل لاسلكي
esploratore (m)	rā'ed mostakʃef (m)	رائد مستكشف
geniere (m)	mohandes 'askary (m)	مهندس عسكري
tiratore (m)	rāmy (m)	رامي
navigatore (m)	mallāḥ (m)	ملّاح

89. Funzionari. Sacerdoti

re (m)	malek (m)	ملك
regina (f)	maleka (f)	ملكة
principe (m)	amīr (m)	أمير
principessa (f)	amīra (f)	أميرة
zar (m)	qayṣar (m)	قيصر
zarina (f)	qayṣara (f)	قيصرة
presidente (m)	ra'īs (m)	رئيس
ministro (m)	wazīr (m)	وزير
primo ministro (m)	ra'īs wozarā' (m)	رئيس وزراء
senatore (m)	'oḍw magles el ʃoyūχ (m)	عضو مجلس الشيوخ
diplomatico (m)	deblomāsy (m)	دبلوماسي
console (m)	qonṣol (m)	قنصل
ambasciatore (m)	safīr (m)	سفير
consigliere (m)	mostaʃār (m)	مستشار
funzionario (m)	mowazzaf (m)	موظّف
prefetto (m)	ra'īs edāret el ḥayī (m)	رئيس إدارة الحي
sindaco (m)	ra'īs el baladiya (m)	رئيس البلديّة
giudice (m)	qāḍy (m)	قاضي
procuratore (m)	el na'eb el 'ām (m)	النائب العام
missionario (m)	mobasʃer (m)	مبشّر
monaco (m)	rāheb (m)	راهب
abate (m)	ra'īs el deyr (m)	رئيس الدير
rabbino (m)	ḥaχām (m)	حاخام
visir (m)	wazīr (m)	وزير
scià (m)	ʃāh (m)	شاه
sceicco (m)	ʃɛyχ (m)	شيخ

90. Professioni agricole

apicoltore (m)	naḥḥāl (m)	نحّال
pastore (m)	rā'y (m)	راعي
agronomo (m)	mohandes zerā'y (m)	مهندس زراعي

allevatore (m) di bestiame	morabby el mawāʃy (m)	مربّي المواشي
veterinario (m)	doktore beṭary (m)	دكتور بيطري
fattore (m)	mozāreʿ (m)	مزارع
vinificatore (m)	ṣāneʿ el χamr (m)	صانع الخمر
zoologo (m)	χabīr fe ʿelm el ḥayawān (m)	خبير في علم الحيوان
cowboy (m)	rāʿy el baʾar (m)	راعي البقر

91. Professioni artistiche

attore (m)	momassel (m)	ممثّل
attrice (f)	momassela (f)	ممثّلة
cantante (m)	moṭreb (m)	مطرب
cantante (f)	moṭreba (f)	مطربة
danzatore (m)	rāqeṣ (m)	راقص
ballerina (f)	raʾāṣa (f)	راقصة
artista (m)	fannān (m)	فنّان
artista (f)	fannāna (f)	فنّانة
musicista (m)	ʿāzef (m)	عازف
pianista (m)	ʿāzef biano (m)	عازف بيانو
chitarrista (m)	ʿāzef guitar (m)	عازف جيتار
direttore (m) d'orchestra	qāʾed orkestra (m)	قائد أوركسترا
compositore (m)	molaḥḥen (m)	ملحّن
impresario (m)	modīr ferʾa (m)	مدير فرقة
regista (m)	moχreg aflām (m)	مخرج أفلام
produttore (m)	monteg (m)	منتج
sceneggiatore (m)	kāteb senario (m)	كاتب سيناريو
critico (m)	nāqed (m)	ناقد
scrittore (m)	kāteb (m)	كاتب
poeta (m)	ʃāʿer (m)	شاعر
scultore (m)	naḥḥāt (m)	نحّات
pittore (m)	rassām (m)	رسّام
giocoliere (m)	bahlawān (m)	بهلوان
pagliaccio (m)	aragoze (m)	أراجوز
acrobata (m)	bahlawān (m)	بهلوان
prestigiatore (m)	sāḥer (m)	ساحر

92. Professioni varie

medico (m)	doktore (m)	دكتور
infermiera (f)	momarreḍa (f)	ممرّضة
psichiatra (m)	doktore nafsāny (m)	دكتور نفساني
dentista (m)	doktore asnān (m)	دكتور أسنان
chirurgo (m)	garrāḥ (m)	جرّاح

astronauta (m)	rā'ed faḍā' (m)	رائد فضاء
astronomo (m)	ʿālem falak (m)	عالم فلك
pilota (m)	ṭayār (m)	طيّار
autista (m)	sawwā' (m)	سوّاق
macchinista (m)	sawwā' (m)	سوّاق
meccanico (m)	mikanīky (m)	ميكانيكي
minatore (m)	ʿāmel mangam (m)	عامل منجم
operaio (m)	ʿāmel (m)	عامل
operaio (m) metallurgico	'affāl (m)	قفّال
falegname (m)	naggār (m)	نجّار
tornitore (m)	χarrāṭ (m)	خرّاط
operaio (m) edile	ʿāmel benā' (m)	عامل بناء
saldatore (m)	laḥḥām (m)	لحّام
professore (m)	brofessor (m)	بروفيسور
architetto (m)	mohandes meʿmāry (m)	مهندس معماري
storico (m)	mo'arreχ (m)	مؤرّخ
scienziato (m)	ʿālem (m)	عالم
fisico (m)	fizyā'y (m)	فيزيائي
chimico (m)	kemyā'y (m)	كيميائي
archeologo (m)	ʿālem'āsār (m)	عالم آثار
geologo (m)	ʒeoloʒy (m)	جيولوجي
ricercatore (m)	bāḥes (m)	باحث
baby-sitter (m, f)	dāda (f)	دادة
insegnante (m, f)	moʿallem (m)	معلّم
redattore (m)	moḥarrer (m)	محرّر
redattore capo (m)	ra'īs taḥrīr (m)	رئيس تحرير
corrispondente (m)	morāsel (m)	مراسل
dattilografa (f)	kāteba ʿala el 'āla el kāteba (f)	كاتبة على الآلة الكاتبة
designer (m)	moṣammem (m)	مصمّم
esperto (m) informatico	motaχaṣṣeṣ bel kombuter (m)	متخصص بالكمبيوتر
programmatore (m)	mobarmeg (m)	مبرمج
ingegnere (m)	mohandes (m)	مهندس
marittimo (m)	baḥḥār (m)	بحّار
marinaio (m)	baḥḥār (m)	بحّار
soccorritore (m)	monqez (m)	منقذ
pompiere (m)	rāgel el maṭāfy (m)	راجل المطافئ
poliziotto (m)	ʃorṭy (m)	شرطي
guardiano (m)	ḥāres (m)	حارس
detective (m)	moḥaqqeq (m)	محقّق
doganiere (m)	mowazzaf el gamārek (m)	موظّف الجمارك
guardia (f) del corpo	ḥāres ʃaχṣy (m)	حارس شخصي
guardia (f) carceraria	ḥāres segn (m)	حارس سجن
ispettore (m)	mofatteʃ (m)	مفتّش
sportivo (m)	reyāḍy (m)	رياضي
allenatore (m)	modarreb (m)	مدرّب

macellaio (m)	gazzār (m)	جزّار
calzolaio (m)	eskāfy (m)	إسكافي
uomo (m) d'affari	tāger (m)	تاجر
caricatore (m)	ʃayāl (m)	شيّال
stilista (m)	moṣammem azyā' (m)	مصمّم أزياء
modella (f)	modeyl (f)	موديل

93. Attività lavorative. Condizione sociale

scolaro (m)	talmīz (m)	تلميذ
studente (m)	ṭāleb (m)	طالب
filosofo (m)	faylasūf (m)	فيلسوف
economista (m)	eqtiṣādy (m)	إقتصادي
inventore (m)	moχtare' (m)	مخترع
disoccupato (m)	'āṭel (m)	عاطل
pensionato (m)	motaqā'ed (m)	متقاعد
spia (f)	gasūs (m)	جاسوس
detenuto (m)	sagīn (m)	سجين
scioperante (m)	moḍrab (m)	مضرب
burocrate (m)	buroqrāṭy (m)	بيوروقراطي
viaggiatore (m)	raḥḥāla (m)	رحّالة
omosessuale (m)	ʃāz (m)	شاذ
hacker (m)	haker (m)	هاكِر
hippy (m, f)	hippi (m)	هيبّي
bandito (m)	qāṭe' ṭarī' (m)	قاطع طريق
sicario (m)	qātel ma'gūr (m)	قاتل مأجور
drogato (m)	modmen moχaddarāt (m)	مدمن مخدّرات
trafficante (m) di droga	tāger moχaddarāt (m)	تاجر مخدّرات
prostituta (f)	mommos (f)	مومّس
magnaccia (m)	qawwād (m)	قوّاد
stregone (m)	sāḥer (m)	ساحر
strega (f)	sāḥera (f)	ساحرة
pirata (m)	'orṣān (m)	قرصان
schiavo (m)	'abd (m)	عبد
samurai (m)	samuray (m)	ساموراي
selvaggio (m)	motawaḥḥeʃ (m)	متوحّش

Istruzione

94. Scuola

scuola (f)	madrasa (f)	مدرسة
direttore (m) di scuola	modīr el madrasa (m)	مدير المدرسة
allievo (m)	talmīz (m)	تلميذ
allieva (f)	telmīza (f)	تلميذة
scolaro (m)	talmīz (m)	تلميذ
scolara (f)	telmīza (f)	تلميذة
insegnare (qn)	'allem	علّم
imparare (una lingua)	ta'allam	تعلّم
imparare a memoria	ḥafaẓ	حفظ
studiare (vi)	ta'allam	تعلّم
frequentare la scuola	daras	درس
andare a scuola	rāḥ el madrasa	راح المدرسة
alfabeto (m)	abgadiya (f)	أبجدية
materia (f)	madda (f)	مادّة
classe (f)	faṣl (m)	فصل
lezione (f)	dars (m)	درس
ricreazione (f)	estrāḥa (f)	إستراحة
campanella (f)	garas el madrasa (m)	جرس المدرسة
banco (m)	disk el madrasa (m)	ديسك المدرسة
lavagna (f)	sabbūra (f)	سبّورة
voto (m)	daraga (f)	درجة
voto (m) alto	daraga kewayesa (f)	درجة كويسة
voto (m) basso	daraga meʃ kewayesa (f)	درجة مش كويسة
dare un voto	edda daraga	إدّى درجة
errore (m)	χaṭa' (m)	خطأ
fare errori	aχṭa'	أخطأ
correggere (vt)	ṣaḥḥaḥ	صحّح
bigliettino (m)	berʃām (m)	برشام
compiti (m pl)	wāgeb (m)	واجب
esercizio (m)	tamrīn (m)	تمرين
essere presente	ḥaḍar	حضر
essere assente	ɣāb	غاب
mancare le lezioni	taɣeyyab 'an el madrasa	تغيّب عن المدرسة
punire (vt)	'āqab	عاقب
punizione (f)	'eqāb (m)	عقاب
comportamento (m)	solūk (m)	سلوك

pagella (f)	el taqrīr el madrasy (m)	التقرير المدرسي
matita (f)	'alam roṣāṣ (m)	قلم رصاص
gomma (f) per cancellare	astīka (f)	استيكة
gesso (m)	ṭabaʃīr (m)	طباشير
astuccio (m) portamatite	ma'lama (f)	مقلمة
cartella (f)	ʃanṭet el madrasa (f)	شنطة المدرسة
penna (f)	'alam (m)	قلم
quaderno (m)	daftar (m)	دفتر
manuale (m)	ketāb ta'līm (m)	كتاب تعليم
compasso (m)	bargal (m)	برجل
disegnare (tracciare)	rasam rasm teqany	رسم رسم تقني
disegno (m) tecnico	rasm teqany (m)	رسم تقني
poesia (f)	'aṣīda (f)	قصيدة
a memoria	'an ẓahr qalb	عن ظهر قلب
imparare a memoria	ḥafaẓ	حفظ
vacanze (f pl) scolastiche	agāza (f)	أجازة
essere in vacanza	'ando agāza	عنده أجازة
passare le vacanze	'aḍa el agāza	قضى الأجازة
prova (f) scritta	emteḥān (m)	إمتحان
composizione (f)	enʃā' (m)	إنشاء
dettato (m)	emlā' (m)	إملاء
esame (m)	emteḥān (m)	إمتحان
sostenere un esame	'amal emteḥān	عمل إمتحان
esperimento (m)	tagreba (f)	تجربة

95. Istituto superiore. Università

accademia (f)	akademiya (f)	أكاديميّة
università (f)	gam'a (f)	جامعة
facoltà (f)	kolliya (f)	كلّية
studente (m)	ṭāleb (m)	طالب
studentessa (f)	ṭāleba (f)	طالبة
docente (m, f)	muḥāḍer (m)	محاضر
aula (f)	modarrag (m)	مدرّج
diplomato (m)	motaχarreg (m)	متخرّج
diploma (m)	dibloma (f)	دبلومة
tesi (f)	resāla 'elmiya (f)	رسالة علميّة
ricerca (f)	derāsa (f)	دراسة
laboratorio (m)	moχtabar (m)	مختبر
lezione (f)	moḥaḍra (f)	محاضرة
compagno (m) di corso	zamīl fel ṣaff (m)	زميل في الصفّ
borsa (f) di studio	menḥa derāsiya (f)	منحة دراسيّة
titolo (m) accademico	daraga 'elmiya (f)	درجة علميّة

96. Scienze. Discipline

matematica (f)	reyāḍīāt (pl)	رياضيّات
algebra (f)	el gabr (m)	الجبر
geometria (f)	handasa (f)	هندسة
astronomia (f)	'elm el falak (m)	علم الفلك
biologia (f)	al aḥya' (m)	الأحياء
geografia (f)	goɣrafia (f)	جغرافيا
geologia (f)	ʒeoloʒia (f)	جيولوجيا
storia (f)	tarīχ (m)	تاريخ
medicina (f)	ṭebb (m)	طبّ
pedagogia (f)	tarbeya (f)	تربية
diritto (m)	qanūn (m)	قانون
fisica (f)	fezya' (f)	فيزياء
chimica (f)	kemya' (f)	كيمياء
filosofia (f)	falsafa (f)	فلسفة
psicologia (f)	'elm el nafs (m)	علم النفس

97. Sistema di scrittura. Ortografia

grammatica (f)	el naḥw wel ṣarf (m)	النحو والصرف
lessico (m)	mofradāt el loɣa (pl)	مفردات اللغة
fonetica (f)	ṣawtīāt (pl)	صوتيات
sostantivo (m)	esm (m)	اسم
aggettivo (m)	ṣefa (f)	صفة
verbo (m)	fe'l (m)	فعل
avverbio (m)	ẓarf (m)	ظرف
pronome (m)	ḍamīr (m)	ضمير
interiezione (f)	oslūb el ta'aggob (m)	أسلوب التعجّب
preposizione (f)	ḥarf el garr (m)	حرف الجرّ
radice (f)	gezr el kelma (m)	جذر الكلمة
desinenza (f)	nehāya (f)	نهاية
prefisso (m)	sabaeqa (f)	سابقة
sillaba (f)	maqṭa' lafzy (m)	مقطع لفظي
suffisso (m)	lāḥeqa (f)	لاحقة
accento (m)	nabra (f)	نبرة
apostrofo (m)	'alāmet ḥazf (f)	علامة حذف
punto (m)	no'ṭa (f)	نقطة
virgola (f)	faṣla (f)	فاصلة
punto (m) e virgola	no'ṭa w faṣla (f)	نقطة وفاصلة
due punti	no'ṭeteyn (pl)	نقطتين
puntini di sospensione	talat no'aṭ (pl)	ثلاث نقط
punto (m) interrogativo	'alāmet estefhām (f)	علامة إستفهام
punto (m) esclamativo	'alāmet ta'aggob (f)	علامة تعجّب

virgolette (f pl)	ʻalamāt el eqtebās (pl)	علامات الإقتباس
tra virgolette	beyn ʻalamaty el eqtebās	بين علامتي الاقتباس
parentesi (f pl)	qoseyn (du)	قوسين
tra parentesi	beyn el qoseyn	بين القوسين
trattino (m)	ʻalāmet waṣl (f)	علامة وصل
lineetta (f)	ʃorṭa (f)	شرطة
spazio (m) (tra due parole)	farāɣ (m)	فراغ
lettera (f)	ḥarf (m)	حرف
lettera (f) maiuscola	ḥarf kebīr (m)	حرف كبير
vocale (f)	ḥarf ṣauty (m)	حرف صوتي
consonante (f)	ḥarf sāken (m)	حرف ساكن
proposizione (f)	gomla (f)	جملة
soggetto (m)	fāʻel (m)	فاعل
predicato (m)	mosnad (m)	مسند
riga (f)	saṭr (m)	سطر
a capo	men bedāyet el saṭr	من بداية السطر
capoverso (m)	faqra (f)	فقرة
parola (f)	kelma (f)	كلمة
gruppo (m) di parole	magmūʻa men el kelamāt (pl)	مجموعة من الكلمات
espressione (f)	moṣṭalaḥ (m)	مصطلح
sinonimo (m)	morādef (m)	مرادف
antonimo (m)	motaḍād loɣawy (m)	متضاد لغوي
regola (f)	qaʻeda (f)	قاعدة
eccezione (f)	estesnāʼ (m)	إستثناء
giusto (corretto)	ṣaḥīḥ	صحيح
coniugazione (f)	ṣarf (m)	صرف
declinazione (f)	taṣrīf el asmāʼ (m)	تصريف الأسماء
caso (m) nominativo	ḥāla esmiya (f)	حالة أسمية
domanda (f)	soʼāl (m)	سؤال
sottolineare (vt)	ḥaṭṭ χaṭṭ taḥt	حطّ خطّ تحت
linea (f) tratteggiata	χaṭṭ menaʼʼaṭ (m)	خطّ منقّط

98. Lingue straniere

lingua (f)	loɣa (f)	لغة
straniero (agg)	agnaby	أجنبيّ
lingua (f) straniera	loɣa agnabiya (f)	لغة أجنبية
studiare (vt)	daras	درس
imparare (una lingua)	taʻallam	تعلّم
leggere (vi, vt)	ʼara	قرأ
parlare (vi, vt)	kallem	كلّم
capire (vt)	fehem	فهم
scrivere (vi, vt)	katab	كتب
rapidamente	bosorʻa	بسرعة
lentamente	bo boṭʼ	ببطء

correntemente	beṭalāqa	بطلاقة
regole (f pl)	qawā'ed (pl)	قواعد
grammatica (f)	el naḥw wel ṣarf (m)	النحو والصرف
lessico (m)	mofradāt el loɣa (pl)	مفردات اللغة
fonetica (f)	ṣawtīāt (pl)	صوتيات
manuale (m)	ketāb ta'līm (m)	كتاب تعليم
dizionario (m)	qamūs (m)	قاموس
manuale (m) autodidattico	ketāb ta'līm zāty (m)	كتاب تعليم ذاتي
frasario (m)	ketāb lel 'ebarāt el ʃā'e'a (m)	كتاب للعبارت الشائعة
cassetta (f)	kasett (m)	كاسيت
videocassetta (f)	ʃerī'ṭ video (m)	شريط فيديو
CD (m)	sidī (m)	سي دي
DVD (m)	dividī (m)	دي في دي
alfabeto (m)	abgadiya (f)	أبجدية
compitare (vt)	tahagga	تهجّى
pronuncia (f)	noṭ' (m)	نطق
accento (m)	lahga (f)	لهجة
con un accento	be lahga	بـ لهجة
senza accento	men ɣeyr lahga	من غير لهجة
vocabolo (m)	kelma (f)	كلمة
significato (m)	ma'na (m)	معنى
corso (m) (~ di francese)	dawra (f)	دورة
iscriversi (vr)	saggel esmo	سجّل إسمه
insegnante (m, f)	modarres (m)	مدرس
traduzione (f) (fare una ~)	targama (f)	ترجمة
traduzione (f) (un testo)	targama (f)	ترجمة
traduttore (m)	motargem (m)	مترجم
interprete (m)	motargem fawwry (m)	مترجم فوّري
poliglotta (m)	'alīm be'eddet loɣāt (m)	عليم بعدّة لغات
memoria (f)	zākera (f)	ذاكرة

Ristorante. Intrattenimento. Viaggi

99. Escursione. Viaggio

turismo (m)	seyāḥa (f)	سياحة
turista (m)	sā'eḥ (m)	سائح
viaggio (m) (all'estero)	reḥla (f)	رحلة
avventura (f)	moɣamra (f)	مغامرة
viaggio (m) (corto)	reḥla (f)	رحلة
vacanza (f)	agāza (f)	أجازة
essere in vacanza	kān fi agāza	كان في أجازة
riposo (m)	estrāḥa (f)	إستراحة
treno (m)	qeṭār, 'aṭṭr (m)	قطار
in treno	bel qeṭār - bel aṭṭr	بالقطار
aereo (m)	ṭayāra (f)	طيّارة
in aereo	bel ṭayāra	بالطيّارة
in macchina	bel sayāra	بالسيّارة
in nave	bel safīna	بالسفينة
bagaglio (m)	el ʃonaṭ (pl)	الشنط
valigia (f)	ʃanṭa (f)	شنطة
carrello (m)	'arabet ʃonaṭ (f)	عربة شنط
passaporto (m)	basbore (m)	باسبور
visto (m)	ta'ʃira (f)	تأشيرة
biglietto (m)	tazkara (f)	تذكرة
biglietto (m) aereo	tazkara ṭayarān (f)	تذكرة طيران
guida (f)	dalīl (m)	دليل
carta (f) geografica	χarīṭa (f)	خريطة
località (f)	mante'a (f)	منطقة
luogo (m)	makān (m)	مكان
ogetti (m pl) esotici	ɣarāba (f)	غرابة
esotico (agg)	ɣarīb	غريب
sorprendente (agg)	mod-heʃ	مدهش
gruppo (m)	magmū'a (f)	مجموعة
escursione (f)	gawla (f)	جولة
guida (f) (cicerone)	morʃed (m)	مرشد

100. Hotel

albergo (m)	fondo' (m)	فندق
motel (m)	motel (m)	موتيل
tre stelle	talat nogūm	ثلاث نجوم

cinque stelle	χamas nogūm	خمس نجوم
alloggiare (vi)	nezel	نزل
camera (f)	oḍa (f)	أوضة
camera (f) singola	owḍa le ʃaχṣ wāḥed (f)	أوضة لشخص واحد
camera (f) doppia	oḍa le ʃaχṣeyn (f)	أوضة لشخصين
prenotare una camera	ḥagaz owḍa	حجز أوضة
mezza pensione (f)	wagbeteyn fel yome (du)	وجبتين في اليوم
pensione (f) completa	talat wagabāt fel yome	ثلاث وجبات في اليوم
con bagno	bel banyo	بـ البانيو
con doccia	bel doʃ	بالدوش
televisione (f) satellitare	televizion be qanawāt faḍā'iya (m)	تليفزيون بقنوات فضائية
condizionatore (m)	takyīf (m)	تكييف
asciugamano (m)	fūṭa (f)	فوطة
chiave (f)	meftāḥ (m)	مفتاح
amministratore (m)	modīr (m)	مدير
cameriera (f)	'āmela tandīf ɣoraf (f)	عاملة تنظيف غرف
portabagagli (m)	ʃayāl (m)	شيّال
portiere (m)	bawwāb (m)	بوّاب
ristorante (m)	maṭ'am (m)	مطعم
bar (m)	bār (m)	بار
colazione (f)	foṭūr (m)	فطور
cena (f)	'aʃā' (m)	عشاء
buffet (m)	bofeyh (m)	بوفيه
hall (f) (atrio d'ingresso)	rad-ha (f)	ردهة
ascensore (m)	asanseyr (m)	اسانسير
NON DISTURBARE	nargu 'adam el ez'āg	نرجو عدم الإزعاج
VIETATO FUMARE!	mamnū' el tadχīn	ممنوع التدخين

ATTREZZATURA TECNICA. MEZZI DI TRASPORTO

Attrezzatura tecnica

101. Computer

computer (m)	kombuter (m)	كمبيوتر
computer (m) portatile	lab tob (m)	لابتوب
accendere (vt)	fataḥ, ʃagɣal	فتح, شغّل
spegnere (vt)	ṭaffa	طفّى
tastiera (f)	lawḥet el mafatīḥ (f)	لوحة المفاتيح
tasto (m)	meftāḥ (m)	مفتاح
mouse (m)	maws (m)	ماوس
tappetino (m) del mouse	maws bād (m)	ماوس باد
tasto (m)	zerr (m)	زرّ
cursore (m)	mo'asʃer (m)	مؤشّر
monitor (m)	ʃāʃa (f)	شاشة
schermo (m)	ʃāʃa (f)	شاشة
disco (m) rigido	hard disk (m)	هارد ديسك
spazio (m) sul disco rigido	se'et el hard disk (f)	سعة الهارد ديسك
memoria (f)	zākera (f)	ذاكرة
memoria (f) operativa	zākerat el woṣūl el 'aʃwā'y (f)	ذاكرة الوصول العشوائي
file (m)	malaff (m)	ملفّ
cartella (f)	ḥāfeza (m)	حافظة
aprire (vt)	fataḥ	فتح
chiudere (vt)	'afal	قفل
salvare (vt)	ḥafaẓ	حفظ
eliminare (vt)	masaḥ	مسح
copiare (vt)	nasaχ	نسخ
ordinare (vt)	ṣannaf	صنّف
trasferire (vt)	na'al	نقل
programma (m)	barnāmeg (m)	برنامج
software (m)	barmagīāt (pl)	برمجيّات
programmatore (m)	mobarmeg (m)	مبرمج
programmare (vt)	barmag	برمج
hacker (m)	haker (m)	هاكر
password (f)	kelmet el serr (f)	كلمة السرّ
virus (m)	virūs (m)	فيروس
trovare (un virus, ecc.)	la'a	لقى
byte (m)	byte (m)	بايت

megabyte (m)	megabayt (m)	ميجا بايت
dati (m pl)	bayanāt (pl)	بيانات
database (m)	qa'edet bayanāt (f)	قاعدة بيانات
cavo (m)	kabl (m)	كابل
sconnettere (vt)	faṣal	فصل
collegare (vt)	waṣṣal	وصّل

102. Internet. Posta elettronica

internet (f)	internet (m)	إنترنت
navigatore (m)	motaṣaffeḥ (m)	متصفّح
motore (m) di ricerca	moḥarrek baḥs (m)	محرك بحث
provider (m)	ʃerket el internet (f)	شركة الإنترنت
webmaster (m)	modīr el mawqe' (m)	مدير الموقع
sito web (m)	mawqe' elektrony (m)	موقع الكتروني
pagina web (f)	ṣafḥet web (f)	صفحة ويب
indirizzo (m)	'enwān (m)	عنوان
rubrica (f) indirizzi	daftar el 'anawīn (m)	دفتر العناوين
casella (f) di posta	ṣandū' el barīd (m)	صندوق البريد
posta (f)	barīd (m)	بريد
troppo piena (agg)	mumtali'	ممتلىء
messaggio (m)	resāla (f)	رسالة
messaggi (m pl) in arrivo	rasa'el wārda (pl)	رسائل واردة
messaggi (m pl) in uscita	rasa'el ṣādra (pl)	رسائل صادرة
mittente (m)	morsel (m)	مرسل
inviare (vt)	arsal	أرسل
invio (m)	ersāl (m)	إرسال
destinatario (m)	morsel elayh (m)	مرسل إليه
ricevere (vt)	estalam	إستلم
corrispondenza (f)	morasla (f)	مراسلة
essere in corrispondenza	tarāsal	تراسل
file (m)	malaff (m)	ملفّ
scaricare (vt)	ḥammel	حمّل
creare (vt)	'amal	عمل
eliminare (vt)	masaḥ	مسح
eliminato (agg)	mamsūḥ	ممسوح
connessione (f)	etteṣāl (m)	إتّصال
velocità (f)	sor'a (f)	سرعة
modem (m)	modem (m)	مودم
accesso (m)	woṣūl (m)	وصول
porta (f)	maχrag (m)	مخرج
collegamento (m)	etteṣāl (m)	إتّصال
collegarsi a ...	yuwṣel	يوصل
scegliere (vt)	eχtār	إختار
cercare (vt)	baḥs	بحث

103. Elettricità

elettricità (f)	kahraba' (m)	كهرباء
elettrico (agg)	kahrabā'y	كهربائي
centrale (f) elettrica	maḥaṭṭa kahraba'iya (f)	محطّة كهربائيّة
energia (f)	ṭāqa (f)	طاقة
energia (f) elettrica	ṭāqa kahraba'iya (f)	طاقة كهربائيّة
lampadina (f)	lammba (f)	لمّبة
torcia (f) elettrica	kasʃāf el nūr (m)	كشّاف النور
lampione (m)	'amūd el nūr (m)	عمود النور
luce (f)	nūr (m)	نور
accendere (luce)	fataḥ, ʃagɣal	فتح, شغّل
spegnere (vt)	ṭaffa	طفّى
spegnere la luce	ṭaffa el nūr	طفّى النور
fulminarsi (vr)	etṭafa	إتّطفى
corto circuito (m)	dayra kahraba'iya 'aṣīra (f)	دائرة كهربائية قصيرة
rottura (f) (~ di un cavo)	selk ma'ṭū' (m)	سلك مقطوع
contatto (m)	talāmos (m)	تلامس
interruttore (m)	meftāḥ el nūr (m)	مفتاح النور
presa (f) elettrica	bareza el kaharaba' (f)	بريزة الكهرباء
spina (f)	fiʃet el kahraba' (f)	فيشة الكهرباء
prolunga (f)	selk tawṣīl (m)	سلك توصيل
fusibile (m)	fetīl (m)	فتيل
filo (m)	selk (m)	سلك
impianto (m) elettrico	aslāk (pl)	أسلاك
ampere (m)	ambere (m)	أمبير
intensità di corrente	ʃeddet el tayār (f)	شدّة التيّار
volt (m)	volt (m)	فولت
tensione (f)	el gohd el kaharab'y (m)	الجهد الكهربائي
apparecchio (m) elettrico	gehāz kahrabā'y (m)	جهاز كهربائي
indicatore (m)	mo'asʃer (m)	مؤشّر
elettricista (m)	kahrabā'y (m)	كهربائي
saldare (vt)	laḥam	لحم
saldatoio (m)	adat laḥm (f)	إداة لحم
corrente (f)	tayār kahrabā'y (m)	تيّاركهربائي

104. Utensili

utensile (m)	adah (f)	أداة
utensili (m pl)	adawāt (pl)	أدوات
impianto (m)	mo'eddāt (pl)	معدّات
martello (m)	ʃakūʃ (m)	شاكوش
giravite (m)	mefakk (m)	مفكّ
ascia (f)	fa's (m)	فأس

sega (f)	monʃār (m)	منشار
segare (vt)	naʃar	نشر
pialla (f)	meshāg (m)	مسحاج
piallare (vt)	saḥag	سحج
saldatoio (m)	adat laḥm (f)	إداة لحم
saldare (vt)	laḥam	لحم
lima (f)	mabrad (m)	مبرد
tenaglie (f pl)	kamʃa (f)	كمشة
pinza (f) a punte piatte	zardiya (f)	زرديّة
scalpello (m)	ezmīl (m)	إزميل
punta (f) da trapano	mesqāb (m)	مثقاب
trapano (m) elettrico	drill kahrabā'y (m)	دريل كهربائي
trapanare (vt)	ḥafar	حفر
coltello (m)	sekkīna (f)	سكّينة
coltello (m) da tasca	sekkīnet gīb (m)	سكّينة جيب
lama (f)	ʃafra (f)	شفرة
affilato (coltello ~)	ḥād	حاد
smussato (agg)	telma	تلمة
smussarsi (vr)	kānet telma	كانت تلمة
affilare (vt)	sann	سنّ
bullone (m)	mesmār 'alawoze (m)	مسمار قلاووظ
dado (m)	ṣamūla (f)	صامولة
filettatura (f)	χaʃχana (f)	خشخنة
vite (f)	'alawūz (m)	قلاووظ
chiodo (m)	mesmār (m)	مسمار
testa (f) di chiodo	rās el mesmār (m)	رأس المسمار
regolo (m)	masṭara (f)	مسطرة
nastro (m) metrico	ʃerīṭ el 'eyās (m)	شريط القياس
livella (f)	mizān el maya (m)	ميزان الميّة
lente (f) d'ingradimento	'adasa mokabbera (f)	عدسة مكبّرة
strumento (m) di misurazione	gehāz 'eyās (m)	جهاز قياس
misurare (vt)	'ās	قاس
scala (f) graduata	me'yās (m)	مقياس
lettura, indicazione (f)	qerā'a (f)	قراءة
compressore (m)	kombressor (m)	كومبرسور
microscopio (m)	mikroskob (m)	ميكروسكوب
pompa (f) (~ dell'acqua)	ṭolommba (f)	طلمّبة
robot (m)	robot (m)	روبوت
laser (m)	laser (m)	ليزر
chiave (f)	meftāḥ rabṭ (m)	مفتاح ربط
nastro (m) adesivo	laz' (m)	لزق
colla (f)	ṣamɣ (m)	صمغ
carta (f) smerigliata	wara' ṣanfara (m)	ورق صنفرة
molla (f)	sosta (f)	سوستة

magnete (m)	meɣnaṭīs (m)	مغنطيس
guanti (m pl)	gwanty (m)	جوانتي
corda (f)	ḥabl (m)	حبل
cordone (m)	selk (m)	سلك
filo (m) (~ del telefono)	selk (m)	سلك
cavo (m)	kabl (m)	كابل
mazza (f)	marzaba (f)	مرزبة
palanchino (m)	ʿatala (f)	عتلة
scala (f) a pioli	sellem (m)	سلّم
scala (m) a libretto	sellem naʾāl (m)	سلّم نقال
avvitare (stringere)	aḥkam el ʃadd	أحكم الشدّ
svitare (vt)	fataḥ	فتح
stringere (vt)	kamaʃ	كمش
incollare (vt)	alṣaq	ألصق
tagliare (vt)	ʾaṭaʿ	قطع
guasto (m)	ʿoṭl (m)	عطل
riparazione (f)	taṣlīḥ (m)	تصليح
riparare (vt)	ṣallaḥ	صلّح
regolare (~ uno strumento)	ḍabaṭ	ضبط
verificare (ispezionare)	eχtabar	إختبر
controllo (m)	faḥṣ (m)	فحص
lettura, indicazione (f)	qerāʾa (f)	قراءة
sicuro (agg)	matīn	متين
complesso (agg)	morakkab	مركّب
arrugginire (vi)	ṣadaʾ	صدئ
arrugginito (agg)	meṣaddy	مصدّي
ruggine (f)	ṣadaʾ (m)	صدأ

Mezzi di trasporto

105. Aeroplano

aereo (m)	ṭayāra (f)	طيّارة
biglietto (m) aereo	tazkara ṭayarān (f)	تذكرة طيران
compagnia (f) aerea	ʃerket ṭayarān (f)	شركة طيران
aeroporto (m)	maṭār (m)	مطار
supersonico (agg)	χāreq lel ṣote	خارق للصوت
comandante (m)	kabten (m)	كابتن
equipaggio (m)	ṭa'm (m)	طقم
pilota (m)	ṭayār (m)	طيّار
hostess (f)	moḍīfet ṭayarān (f)	مضيفة طيران
navigatore (m)	mallāḥ (m)	ملاّح
ali (f pl)	agneḥa (pl)	أجنحة
coda (f)	deyl (m)	ذيل
cabina (f)	kabīna (f)	كابينة
motore (m)	motore (m)	موتور
carrello (m) d'atterraggio	'agalāt el hobūṭ (pl)	عجلات الهبوط
turbina (f)	torbīna (f)	توربينة
elica (f)	marwaḥa (f)	مروّحة
scatola (f) nera	mosaggel el ṭayarān (m)	مسجّل الطيران
barra (f) di comando	moqawwed el ṭayāra (m)	مقوّد الطيّارة
combustibile (m)	woqūd (m)	وقود
safety card (f)	beṭā'et el salāma (f)	بطاقة السلامة
maschera (f) ad ossigeno	mask el oksyʒīn (m)	ماسك الاوكسيجين
uniforme (f)	zayī muwaḥḥad (m)	زيّ موحّد
giubbotto (m) di salvataggio	sotret nagah (f)	سترة نجاة
paracadute (m)	baraʃot (m)	باراشوت
decollo (m)	eqlā' (m)	إقلاع
decollare (vi)	aqla'et	أقلعت
pista (f) di decollo	modarrag el ṭa'erāṭ (m)	مدرّج الطائرات
visibilità (f)	ro'ya (f)	رؤية
volo (m)	ṭayarān (m)	طيران
altitudine (f)	ertefā' (m)	إرتفاع
vuoto (m) d'aria	geyb hawā'y (m)	جيب هوائي
posto (m)	meq'ad (m)	مقعد
cuffia (f)	samma'āt ra'siya (pl)	سمّاعات رأسية
tavolinetto (m) pieghevole	ṣeniya qabela lel ṭayī (f)	صينية قابلة للطيّ
oblò (m), finestrino (m)	ʃebbāk el ṭayāra (m)	شبّاك الطيّارة
corridoio (m)	mamarr (m)	ممرّ

106. Treno

treno (m)	qeṭār, ʾaṭṭr (m)	قطار
elettrotreno (m)	qeṭār rokkāb (m)	قطار ركّاب
treno (m) rapido	qeṭār saree' (m)	قطار سريع
locomotiva (f) diesel	qāṭeret dīzel (f)	قاطرة ديزل
locomotiva (f) a vapore	qāṭera boχariya (f)	قاطرة بخاريّة
carrozza (f)	'araba (f)	عربة
vagone (m) ristorante	'arabet el ṭa'ām (f)	عربة الطعام
rotaie (f pl)	qoḍbān (pl)	قضبان
ferrovia (f)	sekka ḥadīdiya (f)	سكّة حديديّة
traversa (f)	'āreḍa sekket ḥadīd (f)	عارضة سكّة الحديد
banchina (f) (~ ferroviaria)	raṣīf (m)	رصيف
binario (m) (~ 1, 2)	χaṭṭ (m)	خطّ
semaforo (m)	semafore (m)	سيمافور
stazione (f)	maḥaṭṭa (f)	محطّة
macchinista (m)	sawwāʾ (m)	سوّاق
portabagagli (m)	ʃayāl (m)	شيّال
cuccettista (m, f)	masʾūl 'arabet el qeṭār (m)	مسؤول عربة القطار
passeggero (m)	rākeb (m)	راكب
controllore (m)	kamsary (m)	كمسري
corridoio (m)	mamarr (m)	ممرّ
freno (m) di emergenza	farāmel el ṭawāreʾ (pl)	فرامل الطوارئ
scompartimento (m)	ɣorfa (f)	غرفة
cuccetta (f)	serīr (m)	سرير
cuccetta (f) superiore	serīr 'olwy (m)	سرير علوّي
cuccetta (f) inferiore	serīr sofly (m)	سرير سفلي
biancheria (f) da letto	aɣṭeyet el serīr (pl)	أغطيّة السرير
biglietto (m)	tazkara (f)	تذكرة
orario (m)	gadwal (m)	جدوّل
tabellone (m) orari	lawḥet ma'lomāt (f)	لوحة معلومات
partire (vi)	ɣādar	غادر
partenza (f)	moɣadra (f)	مغادرة
arrivare (di un treno)	weṣel	وصل
arrivo (m)	woṣūl (m)	وصول
arrivare con il treno	weṣel bel qeṭār	وصل بالقطار
salire sul treno	rekeb el qeṭār	ركب القطار
scendere dal treno	nezel men el qeṭār	نزل من القطار
deragliamento (m)	ḥeṭām qeṭār (m)	حطام قطار
deragliare (vi)	χarag 'an χaṭṭ sīru	خرج عن خطّ سيره
locomotiva (f) a vapore	qāṭera boχariya (f)	قاطرة بخاريّة
fuochista (m)	'aṭʃagy (m)	عطشجي
forno (m)	forn el moḥarrek (m)	فرن المحرّك
carbone (m)	faḥm (m)	فحم

107. Nave

nave (f)	safīna (f)	سفينة
imbarcazione (f)	safīna (f)	سفينة
piroscafo (m)	baχera (f)	باخرة
barca (f) fluviale	baχera nahriya (f)	باخرة نهرية
transatlantico (m)	safīna seyaḥiya (f)	سفينة سياحيّة
incrociatore (m)	ṭarrād safīna baḥariya (m)	طرّاد سفينة بحريّة
yacht (m)	yaχt (m)	يخت
rimorchiatore (m)	qāṭera baḥariya (f)	قاطرة بحريّة
chiatta (f)	ṣandal (m)	صندل
traghetto (m)	ʿabbāra (f)	عبّارة
veliero (m)	safīna ʃeraʿiya (m)	سفينة شراعيّة
brigantino (m)	markeb ʃerāʿy (m)	مركب شراعي
rompighiaccio (m)	moḥaṭṭemet galīd (f)	محطّمة جليد
sottomarino (m)	ɣawwāṣa (f)	غوّاصة
barca (f)	markeb (m)	مركب
scialuppa (f)	zawraʾ (m)	زورق
scialuppa (f) di salvataggio	qāreb nagah (m)	قارب نجاة
motoscafo (m)	lunʃ (m)	لنش
capitano (m)	ʾobṭān (m)	قبطان
marittimo (m)	baḥḥār (m)	بحّار
marinaio (m)	baḥḥār (m)	بحّار
equipaggio (m)	ṭāqem (m)	طاقم
nostromo (m)	rabbān (m)	ربّان
mozzo (m) di nave	ṣaby el safīna (m)	صبي السفينة
cuoco (m)	ṭabbāχ (m)	طبّاخ
medico (m) di bordo	ṭabīb el safīna (m)	طبيب السفينة
ponte (m)	saṭ-ḥ el safīna (m)	سطح السفينة
albero (m)	sāreya (f)	سارية
vela (f)	ʃerāʿ (m)	شراع
stiva (f)	ʿanbar (m)	عنبر
prua (f)	moʾaddema (m)	مقدّمة
poppa (f)	moʾaχeret el safīna (f)	مؤخّرة السفينة
remo (m)	megdāf (m)	مجذاف
elica (f)	marwaḥa (f)	مروّحة
cabina (f)	kabīna (f)	كابينة
quadrato (m) degli ufficiali	ɣorfet el ṭaʿām wel rāḥa (f)	غرفة الطعام والراحة
sala (f) macchine	qesm el ʾālāt (m)	قسم الآلات
ponte (m) di comando	borg el qeyāda (m)	برج القيادة
cabina (f) radiotelegrafica	ɣorfet el lāselky (f)	غرفة اللاسلكي
onda (f)	mouga (f)	موجة
giornale (m) di bordo	segel el safīna (m)	سجل السفينة
cannocchiale (m)	monzār (m)	منظار
campana (f)	garas (m)	جرس

bandiera (f)	ʿalam (m)	علم
cavo (m) (~ d'ormeggio)	ḥabl (m)	حبل
nodo (m)	ʿoʾda (f)	عقدة
ringhiera (f)	drabzīn saṭ-ḥ el safīna (m)	درابزين سطح السفينة
passerella (f)	sellem (m)	سلّم
ancora (f)	marsāh (f)	مرساة
levare l'ancora	rafaʿ morsah	رفع مرساة
gettare l'ancora	rasa	رسا
catena (f) dell'ancora	selselet morsah (f)	سلسلة مرساة
porto (m)	mināʾ (m)	ميناء
banchina (f)	marsa (m)	مرسى
ormeggiarsi (vr)	rasa	رسا
salpare (vi)	aqlaʿ	أقلع
viaggio (m)	reḥla (f)	رحلة
crociera (f)	reḥla baḥariya (f)	رحلة بحريّة
rotta (f)	masār (m)	مسار
itinerario (m)	ṭarīʾ (m)	طريق
tratto (m) navigabile	magra melāḥy (m)	مجرى ملاحيّ
secca (f)	meyāh ḍaḥla (f)	مياه ضحلة
arenarsi (vr)	ganaḥ	جنح
tempesta (f)	ʿāṣefa (f)	عاصفة
segnale (m)	eʃara (f)	إشارة
affondare (andare a fondo)	ɣereʾ	غرق
Uomo in mare!	saʾaṭ rāgil min el sefīna!	سقط راجل من السفينة!
SOS	nedāʾ eɣāsa (m)	نداء إغاثة
salvagente (m) anulare	ṭoʾe nagah (m)	طوق نجاة

108. Aeroporto

aeroporto (m)	maṭār (m)	مطار
aereo (m)	ṭayāra (f)	طيّارة
compagnia (f) aerea	ʃerket ṭayarān (f)	شركة طيران
controllore (m) di volo	marākeb el ḥaraka el gawiya (m)	مراكب الحركة الجويّة
partenza (f)	moɣadra (f)	مغادرة
arrivo (m)	woṣūl (m)	وصول
arrivare (vi)	weṣel	وصل
ora (f) di partenza	waʾt el moɣadra (m)	وقت المغادرة
ora (f) di arrivo	waʾt el woṣūl (m)	وقت الوصول
essere ritardato	taʾakχar	تأخّر
volo (m) ritardato	taʾaχor el reḥla (m)	تأخّر الرحلة
tabellone (m) orari	lawḥet el maʿlomāt (f)	لوحة المعلومات
informazione (f)	esteʿlamāt (pl)	إستعلامات
annunciare (vt)	aʿlan	أعلن

volo (m)	reḥlet ṭayarān (f)	رحلة طيران
dogana (f)	gamārek (pl)	جمارك
doganiere (m)	mowazzaf el gamārek (m)	موظّف الجمارك
dichiarazione (f)	taṣrīḥ gomroky (m)	تصريح جمركي
riempire (~ una dichiarazione)	mala	ملا
riempire una dichiarazione	mala el taṣrīḥ	ملأ التصريح
controllo (m) passaporti	taftīʃ el gawazāt (m)	تفتيش الجوازات
bagaglio (m)	el ʃonaṭ (pl)	الشنط
bagaglio (m) a mano	ʃonaṭ el yad (pl)	شنط اليد
carrello (m)	ʿarabet ʃonaṭ (f)	عربة شنط
atterraggio (m)	hobūṭ (m)	هبوط
pista (f) di atterraggio	mamarr el hobūṭ (m)	ممرّ الهبوط
atterrare (vi)	habaṭ	هبط
scaletta (f) dell'aereo	sellem el ṭayāra (m)	سلّم الطيّارة
check-in (m)	tasgīl (m)	تسجيل
banco (m) del check-in	makān tasgīl (m)	مكان تسجيل
fare il check-in	saggel	سجّل
carta (f) d'imbarco	beṭāqet el rokūb (f)	بطاقة الركوب
porta (f) d'imbarco	bawwābet el moɣadra (f)	بوّابة المغادرة
transito (m)	tranzīt (m)	ترانزيت
aspettare (vt)	estanna	إستنّى
sala (f) d'attesa	ṣālet el moɣadra (f)	صالة المغادرة
accompagnare (vt)	waddaʿ	ودّع
congedarsi (vr)	waddaʿ	ودّع

Situazioni quotidiane

109. Vacanze. Evento

festa (f)	ʻīd (m)	عيد
festa (f) nazionale	ʻīd waṭany (m)	عيد وطني
festività (f) civile	agāza rasmiya (f)	أجازة رسميّة
festeggiare (vt)	eḥtafal be zekra	إحتفل بذكرى
avvenimento (m)	ḥadass (m)	حدث
evento (m) (organizzare un ~)	monasba (f)	مناسبة
banchetto (m)	walīma (f)	وليمة
ricevimento (m)	ḥaflet esteʼbāl (f)	حفلة إستقبال
festino (m)	walīma (f)	وليمة
anniversario (m)	zekra sanawiya (f)	ذكرى سنوية
giubileo (m)	yobeyl (m)	يوبيل
festeggiare (vt)	eḥtafal	إحتفل
Capodanno (m)	raʼs el sanna (m)	رأس السنة
Buon Anno!	koll sana wenta ṭayeb!	كلّ سنة وأنت طيّب!
Babbo Natale (m)	baba neweyl (m)	بابا نويل
Natale (m)	ʻīd el melād (m)	عيد الميلاد
Buon Natale!	ʻīd melād saʻīd!	عيد ميلاد سعيد!
Albero (m) di Natale	ʃagaret el kresmas (f)	شجرة الكريسمس
fuochi (m pl) artificiali	alʻāb nāriya (pl)	ألعاب ناريّة
nozze (f pl)	faraḥ (m)	فرح
sposo (m)	ʻarīs (m)	عريس
sposa (f)	ʻarūsa (f)	عروسة
invitare (vt)	ʻazam	عزم
invito (m)	beṭāʼet daʻwa (f)	بطاقة دعوة
ospite (m)	ḍeyf (m)	ضيف
andare a trovare	zār	زار
accogliere gli invitati	estaʼbal ḍoyūf	إستقبل ضيوف
regalo (m)	hediya (f)	هديّة
offrire (~ un regalo)	edda	إدّى
ricevere i regali	estalam hadāya	إستلم هدايا
mazzo (m) di fiori	bokeyh (f)	بوكيه
auguri (m pl)	tahneʼa (f)	تهنئة
augurare (vt)	hanna	هنّأ
cartolina (f)	beṭāʼet tahneʼa (f)	بطاقة تهنئة
mandare una cartolina	baʻat beṭāʼet tahneʼa	بعت بطاقة تهنئة
ricevere una cartolina	estalam beṭāʼa tahneʼa	استلم بطاقة تهنئة

brindisi (m)	naχab (m)	نخب
offrire (~ qualcosa da bere)	ḍayaf	ضيّف
champagne (m)	ʃambania (f)	شمبانيا
divertirsi (vr)	estamtaʿ	إستمتع
allegria (f)	bahga (f)	بهجة
gioia (f)	saʿāda (f)	سعادة
danza (f), ballo (m)	raʾṣa (f)	رقصة
ballare (vi, vt)	raʾaṣ	رقص
valzer (m)	valles (m)	فالس
tango (m)	tango (m)	تانجو

110. Funerali. Sepoltura

cimitero (m)	maqbara (f)	مقبرة
tomba (f)	ʾabr (m)	قبر
croce (f)	ṣalīb (m)	صليب
pietra (f) tombale	ḥagar el maʾʾbara (m)	حجر المقبرة
recinto (m)	sūr (m)	سور
cappella (f)	kenīsa saɣīra (f)	كنيسة صغيرة
morte (f)	mote (m)	موت
morire (vi)	māt	مات
defunto (m)	el motawaffy (m)	المتوّفي
lutto (m)	ḥedād (m)	حداد
seppellire (vt)	dafan	دفن
sede (f) di pompe funebri	maktab motaʿahhed el dafn (m)	مكتب متعهّد الدفن
funerale (m)	ganāza (f)	جنازة
corona (f) di fiori	eklīl (m)	إكليل
bara (f)	tabūt (m)	تابوت
carro (m) funebre	naʿʃ (m)	نعش
lenzuolo (m) funebre	kafan (m)	كفن
corteo (m) funebre	ganāza (f)	جنازة
urna (f) funeraria	garra ganaʾeziya (f)	جرّة جنائزية
crematorio (m)	maḥraʾet gosas el mawta (f)	محرقة جثث الموتى
necrologio (m)	segel el wafīāt (m)	سجل الوفيات
piangere (vi)	baka	بكى
singhiozzare (vi)	nawwaḥ	نوّح

111. Guerra. Soldati

plotone (m)	faṣīla (f)	فصيلة
compagnia (f)	serriya (f)	سريّة
reggimento (m)	foge (m)	فوج
esercito (m)	geyʃ (m)	جيش

divisione (f)	fer'a (f)	فرقة
distaccamento (m)	weḥda (f)	وحدة
armata (f)	geyʃ (m)	جيش
soldato (m)	gondy (m)	جنّدي
ufficiale (m)	ḍābeṭ (m)	ضابط
soldato (m) semplice	gondy (m)	جنّدي
sergente (m)	raqīb tāny (m)	رقيب تاني
tenente (m)	molāzem tāny (m)	ملازم تاني
capitano (m)	naqīb (m)	نقيب
maggiore (m)	rā'ed (m)	رائد
colonnello (m)	'aqīd (m)	عقيد
generale (m)	ʒenerāl (m)	جنرال
marinaio (m)	baḥḥār (m)	بحّار
capitano (m)	'obṭān (m)	قبطان
nostromo (m)	rabbān (m)	ربّان
artigliere (m)	gondy fe selāḥ el madfa'iya (m)	جنّدي في سلاح المدفعيّة
paracadutista (m)	selāḥ el maẓallāt (m)	سلاح المظلّلات
pilota (m)	ṭayār (m)	طيّار
navigatore (m)	mallāḥ (m)	ملاّح
meccanico (m)	mikanīky (m)	ميكانيكي
geniere (m)	mohandes 'askary (m)	مهندس عسكري
paracadutista (m)	gondy el baraʃot (m)	جنّدي الباراشوت
esploratore (m)	kaʃāfet el esteṭlā' (f)	كشّافة الإستطلاع
cecchino (m)	qannāṣ (m)	قنّاص
pattuglia (f)	dawriya (f)	دوريّة
pattugliare (vt)	'ām be dawriya	قام بدوريّة
sentinella (f)	ḥāres (m)	حارس
guerriero (m)	muḥāreb (m)	محارب
patriota (m)	waṭany (m)	وطني
eroe (m)	baṭal (m)	بطل
eroina (f)	baṭala (f)	بطلة
traditore (m)	χāyen (m)	خاين
tradire (vt)	χān	خان
disertore (m)	hāreb men el gondiya (m)	هارب من الجنديّة
disertare (vi)	farr men el geyʃ	فرّ من الجيش
mercenario (m)	ma'gūr (m)	مأجور
recluta (f)	gondy gedīd (m)	جنّدي جديد
volontario (m)	motaṭawwe' (m)	متطوّع
ucciso (m)	'atīl (m)	قتيل
ferito (m)	garīḥ (m)	جريح
prigioniero (m) di guerra	asīr ḥarb (m)	أسير حرب

112. Guerra. Azioni militari. Parte 1

guerra (f)	ḥarb (f)	حرب
essere in guerra	ḥārab	حارب
guerra (f) civile	ḥarb ahliya (f)	حرب أهليّة
perfidamente	ɣadran	غدراً
dichiarazione (f) di guerra	e'lān ḥarb (m)	إعلان حرب
dichiarare (~ guerra)	a'lan	أعلن
aggressione (f)	'edwān (m)	عدوان
attaccare (vt)	hagam	هجم
invadere (vt)	eḥtall	إحتلّ
invasore (m)	moḥtell (m)	محتلّ
conquistatore (m)	fāteḥ (m)	فاتح
difesa (f)	defā' (m)	دفاع
difendere (~ un paese)	dāfa'	دافع
difendersi (vr)	dāfa' 'an ...	دافع عن ...
nemico (m)	'adeww (m)	عدوّ
avversario (m)	χeṣm (m)	خصم
ostile (agg)	'adeww	عدوّ
strategia (f)	estrateʒiya (f)	إستراتيجيّة
tattica (f)	taktīk (m)	تكتيك
ordine (m)	amr (m)	أمر
comando (m)	amr (m)	أمر
ordinare (vt)	amar	أمر
missione (f)	mohemma (f)	مهمّة
segreto (agg)	serry	سرّي
battaglia (f)	ma'raka (f)	معركة
combattimento (m)	'etāl (m)	قتال
attacco (m)	hogūm (m)	هجوم
assalto (m)	enqeḍāḍ (m)	إنقضاض
assalire (vt)	enqaḍḍ	إنقضّ
assedio (m)	ḥeṣār (m)	حصار
offensiva (f)	hogūm (m)	هجوم
passare all'offensiva	hagam	هجم
ritirata (f)	enseḥāb (m)	إنسحاب
ritirarsi (vr)	ensaḥab	إنسحب
accerchiamento (m)	eḥāṭa (f)	إحاطة
accerchiare (vt)	aḥāṭ	أحاط
bombardamento (m)	'aṣf (m)	قصف
lanciare una bomba	asqaṭ qonbola	أسقط قنبلة
bombardare (vt)	'aṣaf	قصف
esplosione (f)	enfegār (m)	إنفجار
sparo (m)	ṭal'a (f)	طلقة

sparare un colpo	aṭlaq el nār	أطلق النار
sparatoria (f)	eṭlāq nār (m)	إطلاق نار
puntare su ...	ṣawwab ʿala ...	صوّب على ...
puntare (~ una pistola)	ṣawwab	صوّب
colpire (~ il bersaglio)	aṣāb el hadaf	أصاب الهدف
affondare (mandare a fondo)	aɣraʾ	أغرق
falla (f)	soqb (m)	ثقب
affondare (andare a fondo)	ɣereʾ	غرق
fronte (m) (~ di guerra)	gabha (f)	جبهة
evacuazione (f)	eχlāʾ (m)	إخلاء
evacuare (vt)	aχla	أخلى
trincea (f)	χondoq (m)	خندق
filo (m) spinato	aslāk ʃāʾeka (pl)	أسلاك شائكة
sbarramento (m)	ḥāgez (m)	حاجز
torretta (f) di osservazione	borg moraʾba (m)	برج مراقبة
ospedale (m) militare	mostaʃfa ʿaskary (m)	مستشفى عسكري
ferire (vt)	garaḥ	جرح
ferita (f)	garḥ (m)	جرح
ferito (m)	garīḥ (m)	جريح
rimanere ferito	oṣīb bel garḥ	أصيب بالجرح
grave (ferita ~)	χaṭīr	خطير

113. Guerra. Azioni militari. Parte 2

prigionia (f)	asr (m)	أسر
fare prigioniero	asar	أسر
essere prigioniero	etʾasar	أتأسر
essere fatto prigioniero	weʾeʿ fel asr	وقع في الأسر
campo (m) di concentramento	moʿaskar eʿteqāl (m)	معسكر إعتقال
prigioniero (m) di guerra	asīr ḥarb (m)	أسير حرب
fuggire (vi)	hereb	هرب
tradire (vt)	χān	خان
traditore (m)	χāyen (m)	خاين
tradimento (m)	χeyāna (f)	خيانة
fucilare (vt)	aʿdam ramyan bel roṣāṣ	أعدم رمياً بالرصاص
fucilazione (f)	eʿdām ramyan bel roṣāṣ (m)	إعدام رمياً بالرصاص
divisa (f) militare	el ʿetād el ʿaskary (m)	العتاد العسكري
spallina (f)	kattāfa (f)	كتافة
maschera (f) antigas	qenāʿ el ɣāz (m)	قناع الغاز
radiotrasmettitore (m)	gehāz lāselky (m)	جهاز لاسلكي
codice (m)	ʃafra (f)	شفرة
complotto (m)	serriya (f)	سرّية
parola (f) d'ordine	kelmet el morūr (f)	كلمة مرور
mina (f)	loɣz arāḍy (m)	لغم أرضي

minare (~ la strada)	lagɣam	لغّم
campo (m) minato	ḥaql alɣām (m)	حقل ألغام
allarme (m) aereo	enzār gawwy (m)	إنذار جوّي
allarme (m)	enzār (m)	إنذار
segnale (m)	eʃara (f)	إشارة
razzo (m) di segnalazione	eʃāra moḍī'a (f)	إشارة مضيئة
quartier (m) generale	maqarr (m)	مقرّ
esplorazione (m)	kaʃāfet el esteṭlāʿ (f)	كشّافة الإستطلاع
situazione (f)	ḥāla (f), waḍʿ (m)	حالة, وضع
rapporto (m)	ta'rīr (m)	تقرير
agguato (m)	kamīn (m)	كمين
rinforzo (m)	emdadāt ʿaskariya (pl)	إمدادات عسكريّة
bersaglio (m)	hadaf (m)	هدف
terreno (m) di caccia	arḍ eχtebār (m)	أرض إختبار
manovre (f pl)	monawrāt ʿaskariya (pl)	مناورات عسكريّة
panico (m)	zoʿr (m)	ذعر
devastazione (f)	damār (m)	دمار
distruzione (m)	ḥeṭām (pl)	حطام
distruggere (vt)	dammar	دمّر
sopravvivere (vi, vt)	negy	نجي
disarmare (vt)	garrad men el selāḥ	جرّد من السلاح
maneggiare (una pistola, ecc.)	estaʿmel	إستعمل
Attenti!	entebāh!	إنتباه!
Riposo!	estareḥ!	إسترح!
atto (m) eroico	ma'sara (f)	مأثرة
giuramento (m)	qasam (m)	قسم
giurare (vi)	aqsam	أقسم
decorazione (f)	wesām (m)	وسام
decorare (qn)	manaḥ	منح
medaglia (f)	medalya (f)	ميدالية
ordine (m) (~ al Merito)	wesām ʿaskary (m)	وسام عسكري
vittoria (f)	enteṣār - foze (m)	إنتصار, فوز
sconfitta (m)	hazīma (f)	هزيمة
armistizio (m)	hodna (f)	هدنة
bandiera (f)	rāyet el maʿraka (f)	راية المعركة
gloria (f)	magd (m)	مجد
parata (f)	mawkeb (m)	موكب
marciare (in parata)	sār	سار

114. Armi

armi (f pl)	asleḥa (pl)	أسلحة
arma (f) da fuoco	asleḥa nāriya (pl)	أسلحة ناريّة

arma (f) bianca	asleḥa bayḍā' (pl)	أسلحة بيضاء
armi (f pl) chimiche	asleḥa kemawiya (pl)	أسلحة كيماويّة
nucleare (agg)	nawawy	نوويّ
armi (f pl) nucleari	asleḥa nawawiya (pl)	أسلحة نوويّة
bomba (f)	qonbela (f)	قنبلة
bomba (f) atomica	qonbela nawawiya (f)	قنبلة نوويّة
pistola (f)	mosaddas (m)	مسدّس
fucile (m)	bondoqiya (f)	بندقيّة
mitra (m)	mosaddas rasʃāʃ (m)	مسدّس رشّاش
mitragliatrice (f)	rasʃāʃ (m)	رشّاش
bocca (f)	fawha (f)	فوهة
canna (f)	anbūba (f)	أنبوبة
calibro (m)	'eyār (m)	عيار
grilletto (m)	zanād (m)	زناد
mirino (m)	moṣawweb (m)	مصوّب
caricatore (m)	maχzan (m)	مخزن
calcio (m)	'aqab el bondo'iya (m)	عقب البندقيّة
bomba (f) a mano	qonbela yadawiya (f)	قنبلة يدويّة
esplosivo (m)	mawād motafaggera (pl)	مواد متفجّرة
pallottola (f)	roṣāṣa (f)	رصاصة
cartuccia (f)	χarṭūʃa (f)	خرطوشة
carica (f)	ḥaʃwa (f)	حشوة
munizioni (f pl)	zaχīra (f)	ذخيرة
bombardiere (m)	qazefet qanābel (f)	قاذفة قنابل
aereo (m) da caccia	ṭayāra muqātela (f)	طيّارة مقاتلة
elicottero (m)	heliokobter (m)	هليكوبتر
cannone (m) antiaereo	madfa' moḍād lel ṭa'erāṭ (m)	مدفع مضاد للطائرات
carro (m) armato	dabbāba (f)	دبّابة
cannone (m)	madfa' el dabbāba (m)	مدفع الدبّابة
artiglieria (f)	madfa'iya (f)	مدفعيّة
cannone (m)	madfa' (m)	مدفع
mirare a …	ṣawwab	صوّب
proiettile (m)	qazīfa (f)	قذيفة
granata (f) da mortaio	qonbela hawn (f)	قنبلة هاون
mortaio (m)	hawn (m)	هاون
scheggia (f)	ʃazya (f)	شظية
sottomarino (m)	ɣawwāṣa (f)	غوّاصة
siluro (m)	ṭorbīd (m)	طوربيد
missile (m)	ṣarūχ (m)	صاروخ
caricare (~ una pistola)	'ammar	عمّر
sparare (vi)	ḍarab bel nār	ضرب بالنار
puntare su …	ṣawwab 'ala …	صوّب على ...
baionetta (f)	ḥerba (f)	حربة
spada (f)	seyf zu ḥaddeyn (m)	سيف ذو حدّين

sciabola (f)	seyf monḥany (m)	سيف منحني
lancia (f)	remḥ (m)	رمح
arco (m)	qose (m)	قوس
freccia (f)	sahm (m)	سهم
moschetto (m)	musket (m)	مسكيت
balestra (f)	qose mosta'raḍ (m)	قوس مستعرض

115. Gli antichi

primitivo (agg)	bedā'y	بدائي
preistorico (agg)	ma qabl el tarīχ	ما قبل التاريخ
antico (agg)	'adīm	قديم
Età (f) della pietra	el 'aṣr el ḥagary (m)	العصر الحجري
Età (f) del bronzo	el 'aṣr el bronzy (m)	العصر البرونزي
epoca (f) glaciale	el 'aṣr el galīdy (m)	العصر الجليدي
tribù (f)	qabīla (f)	قبيلة
cannibale (m)	'ākel loḥūm el baʃar (m)	آكل لحوم البشر
cacciatore (m)	ṣayād (m)	صيّاد
cacciare (vt)	eṣṭād	إصطاد
mammut (m)	mamūθ (m)	ماموث
caverna (f), grotta (f)	kahf (m)	كهف
fuoco (m)	nār (f)	نار
falò (m)	nār moχayem (m)	نار مخيّم
pittura (f) rupestre	rasm fel kahf (m)	رسم في الكهف
strumento (m) di lavoro	adah (f)	أداة
lancia (f)	remḥ (m)	رمح
ascia (f) di pietra	fa's ḥagary (m)	فأس حجري
essere in guerra	ḥārab	حارب
addomesticare (vt)	esta'nas	استئنس
idolo (m)	ṣanam (m)	صنم
idolatrare (vt)	'abad	عبد
superstizione (f)	χorāfa (f)	خرافة
rito (m)	mansak (m)	منسك
evoluzione (f)	taṭṭawwor (m)	تطوّر
sviluppo (m)	nomoww (m)	نموّ
estinzione (f)	enqerāḍ (m)	إنقراض
adattarsi (vr)	takayaf (ma')	(تكيّف (مع
archeologia (f)	'elm el 'āsār (m)	علم الآثار
archeologo (m)	'ālem āsār (m)	عالم آثار
archeologico (agg)	asary	أثري
sito (m) archeologico	mawqe' ḥafr (m)	موّقع حفر
scavi (m pl)	tanqīb (m)	تنقيب
reperto (m)	ekteʃāf (m)	إكتشاف
frammento (m)	'eṭ'a (f)	قطعة

116. Il Medio Evo

popolo (m)	ʃa'b (m)	شعب
popoli (m pl)	ʃo'ūb (pl)	شعوب
tribù (f)	qabīla (f)	قبيلة
tribù (f pl)	qabā'el (pl)	قبائل
barbari (m pl)	el barabra (pl)	البرابرة
galli (m pl)	el ɣaliyūn (pl)	الغاليّون
goti (m pl)	el qūṭiyūn (pl)	القوطيون
slavi (m pl)	el selāf (pl)	السلاف
vichinghi (m pl)	el viking (pl)	الفايكينج
romani (m pl)	el romān (pl)	الرومان
romano (agg)	romāny	روماني
bizantini (m pl)	bizanṭiyūn (pl)	بيزنطيون
Bisanzio (m)	bīzanṭa (f)	بيزنطة
bizantino (agg)	bīzanṭy	بيزنطي
imperatore (m)	embraṭore (m)	إمبراطور
capo (m)	za'īm (m)	زعيم
potente (un re ~)	gabbār	جبّار
re (m)	malek (m)	ملك
governante (m) (sovrano)	ḥākem (m)	حاكم
cavaliere (m)	fāres (m)	فارس
feudatario (m)	eqṭā'y (m)	إقطاعي
feudale (agg)	eqṭā'y	إقطاعي
vassallo (m)	ḥākem tābe' (m)	حاكم تابع
duca (m)	dū' (m)	دوق
conte (m)	earl (m)	ايرل
barone (m)	barūn (m)	بارون
vescovo (m)	asqof (m)	أسقف
armatura (f)	der' (m)	درع
scudo (m)	der' (m)	درع
spada (f)	seyf (m)	سيف
visiera (f)	ḥaffa amamiya lel χoza (f)	حافة أماميّة للخوذة
cotta (f) di maglia	der' el zard (m)	درع الزرد
crociata (f)	ḥamla ṣalībiya (f)	حملة صليبيّة
crociato (m)	ṣalīby (m)	صليبي
territorio (m)	arḍ (f)	أرض
attaccare (vt)	hagam	هجم
conquistare (vt)	fataḥ	فتح
occupare (invadere)	eḥtall	إحتلّ
assedio (m)	ḥeṣār (m)	حصار
assediato (agg)	moḥāṣar	محاصر
assediare (vt)	ḥāṣar	حاصر
inquisizione (f)	maḥākem el taftīʃ (pl)	محاكم التفتيش
inquisitore (m)	mofatteʃ (m)	مفتّش

tortura (f)	taʻzīb (m)	تعذيب
crudele (agg)	waḥʃy	وحشي
eretico (m)	moharṭeq (m)	مهرطق
eresia (f)	harṭa'a (f)	هرطقة
navigazione (f)	el safar bel baḥr (m)	السفر بالبحر
pirata (m)	'orṣān (m)	قرصان
pirateria (f)	'arṣana (f)	قرصنة
arrembaggio (m)	mohagmet safīna (f)	مهاجمة سفينة
bottino (m)	ɣanīma (f)	غنيمة
tesori (m)	konūz (pl)	كنوز
scoperta (f)	ekteʃāf (m)	إكتشاف
scoprire (~ nuove terre)	ektaʃaf	إكتشف
spedizione (f)	beʻsa (f)	بعثة
moschettiere (m)	fāres (m)	فارس
cardinale (m)	kardinal (m)	كاردينال
araldica (f)	ʃeʻārāt el nabāla (pl)	شعارات النبالة
araldico (agg)	χāṣṣ be ʃeʻarāt el nebāla	خاصّ بشعارات النبالة

117. Leader. Capo. Le autorità

re (m)	malek (m)	ملك
regina (f)	maleka (f)	ملكة
reale (agg)	malaky	ملكي
regno (m)	mamlaka (f)	مملكة
principe (m)	amīr (m)	أمير
principessa (f)	amīra (f)	أميرة
presidente (m)	ra'īs (m)	رئيس
vicepresidente (m)	nā'eb el ra'īs (m)	نائب الرئيس
senatore (m)	ʻoḍw magles el ʃoyūχ (m)	عضو مجلس الشيوخ
monarca (m)	ʻāhel (m)	عاهل
governante (m) (sovrano)	ḥākem (m)	حاكم
dittatore (m)	dektatore (m)	ديكتاتور
tiranno (m)	ṭāɣeya (f)	طاغية
magnate (m)	ra'smāly kebīr (m)	رأسمالي كبير
direttore (m)	modīr (m)	مدير
capo (m)	ra'īs (m)	رئيس
dirigente (m)	modīr (m)	مدير
capo (m)	ra'īs (m)	رئيس
proprietario (m)	ṣāḥeb (m)	صاحب
leader (m)	zaʻīm (m)	زعيم
capo (m) (~ delegazione)	ra'īs (m)	رئيس
autorità (f pl)	solṭāt (pl)	سلطات
superiori (m pl)	ro'asā' (pl)	رؤساء
governatore (m)	muḥāfeẓ (m)	محافظ
console (m)	qonṣol (m)	قنصل

diplomatico (m)	deblomāsy (m)	دبلوماسي
sindaco (m)	ra'īs el baladiya (m)	رئيس البلديّة
sceriffo (m)	ʃerīf (m)	شريف
imperatore (m)	embraṭore (m)	إمبراطور
zar (m)	qayṣar (m)	قيصر
faraone (m)	fer'one (m)	فرعون
khan (m)	χān (m)	خان

118. Infrangere la legge. Criminali. Parte 1

bandito (m)	qāṭe' ṭarī' (m)	قاطع طريق
delitto (m)	garīma (f)	جريمة
criminale (m)	mogrem (m)	مجرم
ladro (m)	sāre' (m)	سارق
rubare (vi, vt)	sara'	سرق
furto (m), ruberia (f)	ser'a (f)	سرقة
rapire (vt)	χaṭaf	خطف
rapimento (m)	χaṭf (m)	خطف
rapitore (m)	χāṭef (m)	خاطف
riscatto (m)	fedya (f)	فدية
chiedere il riscatto	ṭalab fedya	طلب فدية
rapinare (vt)	nahab	نهب
rapina (f)	nahb (m)	نهب
rapinatore (m)	nahhāb (m)	نهّاب
estorcere (vt)	balṭag	بلطج
estorsore (m)	balṭagy (m)	بلطجي
estorsione (f)	balṭaga (f)	بلطجة
uccidere (vt)	'atal	قتل
assassinio (m)	'atl (m)	قتل
assassino (m)	qātel (m)	قاتل
sparo (m)	ṭal'et nār (f)	طلقة نار
tirare un colpo	aṭlaq el nār	أطلق النار
abbattere (con armi da fuoco)	'atal bel roṣāṣ	قتل بالرصاص
sparare (vi)	ḍarab bel nār	ضرب بالنار
sparatoria (f)	ḍarb nār (m)	ضرب نار
incidente (m) (rissa, ecc.)	ḥādes (m)	حادث
rissa (f)	χenā'a (f)	خناقة
Aiuto!	sā'idni	ساعدني!
vittima (f)	ḍaḥiya (f)	ضحيّة
danneggiare (vt)	χarrab	خرّب
danno (m)	χesāra (f)	خسارة
cadavere (m)	gossa (f)	جثّة
grave (reato ~)	χaṭīra	خطيرة
aggredire (vt)	hagam	هجم

picchiare (vt)	ḍarab	ضرب
malmenare (picchiare)	ḍarab	ضرب
sottrarre (vt)	salab	سلب
accoltellare a morte	ṭa'an ḥatta el mote	طعن حتّى الموت
mutilare (vt)	ʃawwah	شوّه
ferire (vt)	garaḥ	جرح
ricatto (m)	ebtezāz (m)	إبتزاز
ricattare (vt)	ebtazz	إبتزّ
ricattatore (m)	mobtazz (m)	مبتزّ
estorsione (f)	balṭaga (f)	بلطجة
estortore (m)	mobtazz (m)	مبتزّ
gangster (m)	ragol 'eṣāba (m)	رجل عصابة
mafia (f)	mafia (f)	مافيا
borseggiatore (m)	nasʃāl (m)	نشّال
scassinatore (m)	leṣṣ beyūt (m)	لص بيوت
contrabbando (m)	tahrīb (m)	تهريب
contrabbandiere (m)	moharreb (m)	مهرّب
falsificazione (f)	tazwīr (m)	تزوّير
falsificare (vt)	zawwar	زوّر
falso, falsificato (agg)	mozawwara	مزوّرة

119. Infrangere la legge. Criminali. Parte 2

stupro (m)	eɣteṣāb (m)	إغتصاب
stuprare (vt)	eɣtaṣab	إغتصب
stupratore (m)	moɣtaṣeb (m)	مغتصب
maniaco (m)	mahwūs (m)	مهووس
prostituta (f)	mommos (f)	مومّس
prostituzione (f)	da'āra (f)	دعارة
magnaccia (m)	qawwād (m)	قوّاد
drogato (m)	modmen moxaddarāt (m)	مدمن مخدّرات
trafficante (m) di droga	tāger moxaddarāt (m)	تاجر مخدّرات
far esplodere	faggar	فجّر
esplosione (f)	enfegār (m)	إنفجار
incendiare (vt)	aʃ'al el nār	أشعل النار
incendiario (m)	moʃ'el ḥarīq 'an 'amd (m)	مشعل حريق عن عمد
terrorismo (m)	erhāb (m)	إرهاب
terrorista (m)	erhāby (m)	إرهابي
ostaggio (m)	rahīna (m)	رهينة
imbrogliare (vt)	eḥtāl	إحتال
imbroglio (m)	eḥteyāl (m)	إحتيال
imbroglione (m)	moḥtāl (m)	محتال
corrompere (vt)	raʃa	رشا
corruzione (f)	erteʃā' (m)	إرتشاء

bustarella (f)	raʃwa (f)	رشوة
veleno (m)	semm (m)	سمّ
avvelenare (vt)	sammem	سمّم
avvelenarsi (vr)	sammem nafsoh	سمّم نفسه
suicidio (m)	enteḥār (m)	إنتحار
suicida (m)	montaḥer (m)	منتحر
minacciare (vt)	hadded	هدّد
minaccia (f)	tahdīd (m)	تهديد
attentare (vi)	ḥāwel eɣteyāl	حاول إغتيال
attentato (m)	moḥawlet eɣteyāl (f)	محاولة إغتيال
rubare (~ una macchina)	sara'	سرق
dirottare (~ un aereo)	eχtaṭaf	إختطف
vendetta (f)	enteqām (m)	إنتقام
vendicare (vt)	entaqam	إنتقم
torturare (vt)	'azzeb	عذّب
tortura (f)	ta'zīb (m)	تعذيب
maltrattare (vt)	'azzeb	عذّب
pirata (m)	'orṣān (m)	قرصان
teppista (m)	wabaʃ (m)	وبش
armato (agg)	mosallaḥ	مسلّح
violenza (f)	'onf (m)	عنف
illegale (agg)	meʃ qanūniy	مش قانونيّ
spionaggio (m)	tagassas (m)	تجسّس
spiare (vi)	tagassas	تجسّس

120. Polizia. Legge. Parte 1

giustizia (f)	qaḍā' (m)	قضاء
tribunale (m)	maḥkama (f)	محكمة
giudice (m)	qāḍy (m)	قاضي
giurati (m)	moḥallafīn (pl)	محلّفين
processo (m) con giuria	qaḍā' el muḥallafīn (m)	قضاء المحلّفين
giudicare (vt)	ḥakam	حكم
avvocato (m)	muḥāmy (m)	محامي
imputato (m)	modda'y 'aleyh (m)	مدّعي عليه
banco (m) degli imputati	'afaṣ el ettehām (m)	قفص الإتّهام
accusa (f)	ettehām (m)	إتّهام
accusato (m)	mottaham (m)	متّهم
condanna (f)	ḥokm (m)	حكم
condannare (vt)	ḥakam	حكم
colpevole (m)	gāny (m)	جاني
punire (vt)	'āqab	عاقب

punizione (f)	ʻeqāb (m)	عقاب
multa (f), ammenda (f)	ɣarāma (f)	غرامة
ergastolo (m)	segn mada el ḥayah (m)	سجن مدى الحياة
pena (f) di morte	ʻoqūbet ʼeʻdām (f)	عقوبة إعدام
sedia (f) elettrica	el korsy el kaharabāʼy (m)	الكرسي الكهربائي
impiccagione (f)	maʃnaʼa (f)	مشنقة
giustiziare (vt)	aʻdam	أعدم
esecuzione (f)	eʻdām (m)	إعدام
prigione (f)	segn (m)	سجن
cella (f)	zenzāna (f)	زنزانة
scorta (f)	ḥerāsa (f)	حراسة
guardia (f) carceraria	ḥāres segn (m)	حارس سجن
prigioniero (m)	sagīn (m)	سجين
manette (f pl)	kalabʃāt (pl)	كلابشات
mettere le manette	kalbeʃ	كلبش
fuga (f)	horūb men el segn (m)	هروب من السجن
fuggire (vi)	hereb	هرب
scomparire (vi)	eχtafa	إختفى
liberare (vt)	aχla sabīl	أخلى سبيل
amnistia (f)	ʻafw ʻām (m)	عفو عام
polizia (f)	ʃorṭa (f)	شرطة
poliziotto (m)	ʃorṭy (m)	شرطي
commissariato (m)	qesm ʃorṭa (m)	قسم شرطة
manganello (m)	ʻaṣāya maṭṭāṭiya (f)	عصاية مطّاطية
altoparlante (m)	būʼ (m)	بوق
macchina (f) di pattuglia	ʻarabiyet dawrīāt (f)	عربيّة دوريات
sirena (f)	sarīna (f)	سرينة
mettere la sirena	wallaʻ el sarīna	ولّع السرينة
suono (m) della sirena	ṣote sarīna (m)	صوت سرينة
luogo (m) del crimine	masraḥ el garīma (m)	مسرح الجريمة
testimone (m)	ʃāhed (m)	شاهد
libertà (f)	ḥorriya (f)	حرّيّة
complice (m)	ʃerīk fel garīma (m)	شريك في الجريمة
fuggire (vi)	hereb	هرب
traccia (f)	asar (m)	أثر

121. Polizia. Legge. Parte 2

ricerca (f) (~ di un criminale)	baḥs (m)	بحث
cercare (vt)	dawwar ʻala	دوّر على
sospetto (m)	ʃobha (f)	شبهة
sospetto (agg)	maʃbūh	مشبوه
fermare (vt)	awqaf	أوقّف
arrestare (qn)	eʻtaqal	إعتقل
causa (f)	ʼaḍiya (f)	قضيّة
inchiesta (f)	taḥʼīʼ (m)	تحقيق

detective (m)	moḥaqqeq (m)	محقّق
investigatore (m)	mofatteʃ (m)	مفتّش
versione (f)	rewāya (f)	رواية
movente (m)	dāfeʿ (m)	دافع
interrogatorio (m)	estegwāb (m)	إستجواب
interrogare (sospetto)	estagweb	إستجوّب
interrogare (vicini)	estanṭaʾ	إستنطق
controllo (m) (~ di polizia)	faḥṣ (m)	فحص
retata (f)	gamʿ (m)	جمع
perquisizione (f)	taftīʃ (m)	تفتيش
inseguimento (m)	moṭarda (f)	مطاردة
inseguire (vt)	ṭārad	طارد
essere sulle tracce	tatabbaʿ	تتبّع
arresto (m)	eʿteqāl (m)	إعتقال
arrestare (qn)	eʿtaqal	اعتقل
catturare (~ un ladro)	ʾabaḍ ʿala	قبض على
cattura (f)	ʾabḍ (m)	قبض
documento (m)	wasīqa (f)	وثيقة
prova (f), reperto (m)	dalīl (m)	دليل
provare (vt)	asbat	أثبت
impronta (f) del piede	baṣma (f)	بصمة
impronte (f pl) digitali	baṣamāt el aṣābeʿ (pl)	بصمات الأصابع
elemento (m) di prova	ʾeṭʿa men el adella (f)	قطعة من الأدلّة
alibi (m)	ḥegget ɣeyāb (f)	حجّة غياب
innocente (agg)	barīʾ	بريء
ingiustizia (f)	ẓolm (m)	ظلم
ingiusto (agg)	meʃ ʿādel	مش عادل
criminale (agg)	mogrem	مجرم
confiscare (vt)	ṣādar	صادر
droga (f)	moχaddarāt (pl)	مخدّرات
armi (f pl)	selāḥ (m)	سلاح
disarmare (vt)	garrad men el selāḥ	جرّد من السلاح
ordinare (vt)	amar	أمر
sparire (vi)	eχtafa	إختفى
legge (f)	qanūn (m)	قانون
legale (agg)	qanūny	قانوني
illegale (agg)	meʃ qanūny	مش قانوني
responsabilità (f)	masʾoliya (f)	مسؤوليّة
responsabile (agg)	masʾūl (m)	مسؤول

LA NATURA

La Terra. Parte 1

122. L'Universo

cosmo (m)	faḍā' (m)	فضاء
cosmico, spaziale (agg)	faḍā'y	فضائي
spazio (m) cosmico	el faḍā' el χāregy (m)	الفضاء الخارجي
mondo (m)	'ālam (m)	عالم
universo (m)	el kōn (m)	الكون
galassia (f)	el magarra (f)	المجرّة
stella (f)	negm (m)	نجم
costellazione (f)	borg (m)	برج
pianeta (m)	kawwkab (m)	كوكب
satellite (m)	'amar ṣenā'y (m)	قمر صناعي
meteorite (m)	nayzek (m)	نيّزك
cometa (f)	mozannab (m)	مذنّب
asteroide (m)	kowaykeb (m)	كويكب
orbita (f)	madār (m)	مدار
ruotare (vi)	dār	دار
atmosfera (f)	el ɣelāf el gawwy (m)	الغلاف الجوّي
il Sole	el ʃams (f)	الشمس
sistema (m) solare	el magmū'a el ʃamsiya (f)	المجموعة الشمسيّة
eclisse (f) solare	kosūf el ʃams (m)	كسوف الشمس
la Terra	el arḍ (f)	الأرض
la Luna	el 'amar (m)	القمر
Marte (m)	el marrīχ (m)	المرّيخ
Venere (f)	el zahra (f)	الزهرة
Giove (m)	el moʃtary (m)	المشتري
Saturno (m)	zoḥḥol (m)	زحل
Mercurio (m)	'aṭāred (m)	عطارد
Urano (m)	uranus (m)	اورانوس
Nettuno (m)	nibtūn (m)	نبتون
Plutone (m)	bluto (m)	بلوتو
Via (f) Lattea	darb el tebbāna (m)	درب التبّانة
Orsa (f) Maggiore	el dobb el akbar (m)	الدب الأكبر
Stella (f) Polare	negm el 'oṭb (m)	نجم القطب
marziano (m)	sāken el marrīχ (m)	ساكن المرّيخ
extraterrestre (m)	faḍā'y (m)	فضائي

alieno (m)	kā'en faḍā'y (m)	كائن فضائي
disco (m) volante	ṭaba' ṭā'er (m)	طبق طائر
nave (f) spaziale	markaba faḍa'iya (f)	مركبة فضائية
stazione (f) spaziale	maḥaṭṭet faḍā' (f)	محطّة فضاء
lancio (m)	enṭelāq (m)	إنطلاق
motore (m)	motore (m)	موتور
ugello (m)	manfaθ (m)	منفث
combustibile (m)	woqūd (m)	وقود
cabina (f) di pilotaggio	kabīna (f)	كابينة
antenna (f)	hawā'y (m)	هوائي
oblò (m)	kowwa mostadīra (f)	كوّة مستديرة
batteria (f) solare	lawḥa ʃamsiya (f)	لوحة شمسيّة
scafandro (m)	badlet el faḍā' (f)	بدّلة الفضاء
imponderabilità (f)	enʿedām wazn (m)	إنعدام الوزن
ossigeno (m)	oksiʒīn (m)	أوكسجين
aggancio (m)	rasw (m)	رسو
agganciarsi (vr)	rasa	رسى
osservatorio (m)	marṣad (m)	مرصد
telescopio (m)	teleskop (m)	تلسكوب
osservare (vt)	rāqab	راقب
esplorare (vt)	estakʃef	إستكشف

123. La Terra

la Terra	el arḍ (f)	الأرض
globo (m) terrestre	el kora el arḍiya (f)	الكرة الأرضيّة
pianeta (m)	kawwkab (m)	كوّكب
atmosfera (f)	el ɣelāf el gawwy (m)	الغلاف الجوّي
geografia (f)	goɣrafia (f)	جغرافيا
natura (f)	ṭabeeʿa (f)	طبيعة
mappamondo (m)	namūzag lel kora el arḍiya (m)	نموذج للكرة الأرضيّة
carta (f) geografica	χarīṭa (f)	خريطة
atlante (m)	aṭlas (m)	أطلس
Europa (f)	orobba (f)	أوروبّا
Asia (f)	asya (f)	آسيا
Africa (f)	afreqia (f)	أفريقيا
Australia (f)	ostorālya (f)	أستراليا
America (f)	amrīka (f)	أمريكا
America (f) del Nord	amrīka el ʃamaliya (f)	أمريكا الشماليّة
America (f) del Sud	amrīka el ganūbiya (f)	أمريكا الجنوبيّة
Antartide (f)	el qoṭb el ganūby (m)	القطب الجنوبي
Artico (m)	el qoṭb el ʃamāly (m)	القطب الشمالي

124. Punti cardinali

nord (m)	ʃemāl (m)	شمال
a nord	lel ʃamāl	للشمال
al nord	fel ʃamāl	في الشمال
del nord (agg)	ʃamāly	شمالي
sud (m)	ganūb (m)	جنوب
a sud	lel ganūb	للجنوب
al sud	fel ganūb	في الجنوب
del sud (agg)	ganūby	جنوبي
ovest (m)	ɣarb (m)	غرب
a ovest	lel ɣarb	للغرب
all'ovest	fel ɣarb	في الغرب
dell'ovest, occidentale	ɣarby	غربي
est (m)	ʃar' (m)	شرق
a est	lel ʃar'	للشرق
all'est	fel ʃar'	في الشرق
dell'est, orientale	ʃar'y	شرقي

125. Mare. Oceano

mare (m)	baḥr (m)	بحر
oceano (m)	moḥīṭ (m)	محيط
golfo (m)	χalīg (m)	خليج
stretto (m)	maḍīq (m)	مضيق
terra (f) (terra firma)	barr (m)	برّ
continente (m)	qārra (f)	قارّة
isola (f)	gezīra (f)	جزيرة
penisola (f)	ʃebh gezeyra (f)	شبه جزيرة
arcipelago (m)	magmū'et gozor (f)	مجموعة جزر
baia (f)	χalīg (m)	خليج
porto (m)	minā' (m)	ميناء
laguna (f)	lagūn (m)	لاجون
capo (m)	ra's (m)	رأس
atollo (m)	gezīra morganiya estwa'iya (f)	جزيزة مرجانيّة إستوائيّة
scogliera (f)	ʃo'āb (pl)	شعاب
corallo (m)	morgān (m)	مرجان
barriera (f) corallina	ʃo'āb morganiya (pl)	شعاب مرجانية
profondo (agg)	'amīq	عميق
profondità (f)	'omq (m)	عمق
abisso (m)	el 'omq el saḥīq (m)	العمق السحيق
fossa (f) (~ delle Marianne)	χondoq (m)	خندق
corrente (f)	tayār (m)	تيّار
circondare (vt)	ḥāṭ	حاط
litorale (m)	sāḥel (m)	ساحل

costa (f)	sāḥel (m)	ساحل
alta marea (f)	tayār (m)	تيّار
bassa marea (f)	gozor (m)	جزر
banco (m) di sabbia	meyāh ḍaḥla (f)	مياه ضحلة
fondo (m)	qāʿ (m)	قاع
onda (f)	mouga (f)	موجة
cresta (f) dell'onda	qemma (f)	قمّة
schiuma (f)	zabad el baḥr (m)	زبد البحر
tempesta (f)	ʿāṣefa (f)	عاصفة
uragano (m)	eʿṣār (m)	إعصار
tsunami (m)	tsunāmy (m)	تسونامي
bonaccia (f)	hodūʾ (m)	هدوء
tranquillo (agg)	hady	هادئ
polo (m)	ʾoṭb (m)	قطب
polare (agg)	ʾoṭby	قطبي
latitudine (f)	ʿarḍ (m)	عرض
longitudine (f)	χaṭṭ ṭūl (m)	خطّ طول
parallelo (m)	motawāz (m)	متواز
equatore (m)	χaṭṭ el estewāʾ (m)	خطّ الإستواء
cielo (m)	samāʾ (f)	سماء
orizzonte (m)	ofoq (m)	أفق
aria (f)	hawāʾ (m)	هواء
faro (m)	manāra (f)	منارة
tuffarsi (vr)	ɣāṣ	غاص
affondare (andare a fondo)	ɣereʾ	غرق
tesori (m)	konūz (pl)	كنوز

126. Nomi dei mari e degli oceani

Oceano (m) Atlantico	el moḥeyṭ el aṭlanṭy (m)	المحيط الأطلنطي
Oceano (m) Indiano	el moḥeyṭ el hendy (m)	المحيط الهندي
Oceano (m) Pacifico	el moḥeyṭ el hādy (m)	المحيط الهادي
mar (m) Glaciale Artico	el moḥeyṭ el motagammed el ʃamāly (m)	المحيط المتجمّد الشمالي
mar (m) Nero	el baḥr el aswad (m)	البحر الأسود
mar (m) Rosso	el baḥr el aḥmar (m)	البحر الأحمر
mar (m) Giallo	el baḥr el aṣfar (m)	البحر الأصفر
mar (m) Bianco	el baḥr el abyaḍ (m)	البحر الأبيض
mar (m) Caspio	baḥr qazwīn (m)	بحر قزوين
mar (m) Morto	el baḥr el mayet (m)	البحر الميّت
mar (m) Mediterraneo	el baḥr el abyaḍ el motawasseṭ (m)	البحر الأبيض المتوسط
mar (m) Egeo	baḥr eygah (m)	بحر إيجة
mar (m) Adriatico	el baḥr el adreyatīky (m)	البحر الأدرياتيكي
mar (m) Arabico	baḥr el ʿarab (m)	بحر العرب

mar (m) del Giappone	baḥr el yabān (m)	بحر اليابان
mare (m) di Bering	baḥr bering (m)	بحر بيرينغ
mar (m) Cinese meridionale	baḥr el ṣeyn el ganūby (m)	بحر الصين الجنوبي
mar (m) dei Coralli	baḥr el morgān (m)	بحر المرجان
mar (m) di Tasman	baḥr tazman (m)	بحر تسمان
mar (m) dei Caraibi	el baḥr el karību (m)	البحر الكاريبي
mare (m) di Barents	baḥr barents (m)	بحر بارنتس
mare (m) di Kara	baḥr kara (m)	بحر كارا
mare (m) del Nord	baḥr el ʃamāl (m)	بحر الشمال
mar (m) Baltico	baḥr el balṭīq (m)	بحر البلطيق
mare (m) di Norvegia	baḥr el nerwīg (m)	بحر النرويج

127. Montagne

monte (m), montagna (f)	gabal (m)	جبل
catena (f) montuosa	selselet gebāl (f)	سلسلة جبال
crinale (m)	notū' el gabal (m)	نتوء الجبل
cima (f)	qemma (f)	قمّة
picco (m)	qemma (f)	قمّة
piedi (m pl)	asfal (m)	أسفل
pendio (m)	monḥadar (m)	منحدر
vulcano (m)	borkān (m)	بركان
vulcano (m) attivo	borkān naʃeṭ (m)	بركان نشط
vulcano (m) inattivo	borkān χāmed (m)	بركان خامد
eruzione (f)	sawarān (m)	ثوّران
cratere (m)	fawhet el borkān (f)	فوهة البركان
magma (m)	magma (f)	ماجما
lava (f)	ḥomam borkāniya (pl)	حمم بركانية
fuso (lava ~a)	monṣahera	منصهرة
canyon (m)	wādy ḍaye' (m)	وادي ضيّق
gola (f)	mamarr ḍaye' (m)	ممرّ ضيّق
crepaccio (m)	ʃa'' (m)	شقّ
precipizio (m)	hāwya (f)	هاوية
passo (m), valico (m)	mamarr gabaly (m)	ممرّ جبلي
altopiano (m)	haḍaba (f)	هضبة
falesia (f)	garf (m)	جرف
collina (f)	tall (m)	تلّ
ghiacciaio (m)	nahr galīdy (m)	نهر جليدي
cascata (f)	ʃallāl (m)	شلّال
geyser (m)	nab' maya ḥāra (m)	نبع ميّة حارة
lago (m)	boḥeyra (f)	بحيرة
pianura (f)	sahl (m)	سهل
paesaggio (m)	manzar ṭabee'y (m)	منظر طبيعي
eco (f)	ṣada (m)	صدى

alpinista (m)	motasalleq el gebāl (m)	متسلّق الجبال
scalatore (m)	motasalleq ṣoχūr (m)	متسلّق صخور
conquistare (~ una cima)	taɣallab 'ala	تغلّب على
scalata (f)	tasalloq (m)	تسلّق

128. Nomi delle montagne

Alpi (f pl)	gebāl el alb (pl)	جبال الألب
Monte (m) Bianco	mōn blōn (m)	مون بلون
Pirenei (m pl)	gebāl el barānes (pl)	جبال البرانس
Carpazi (m pl)	gebāl el karbāt (pl)	جبال الكاربات
gli Urali (m pl)	gebāl el urāl (pl)	جبال الأورال
Caucaso (m)	gebāl el qoqāz (pl)	جبال القوقاز
Monte (m) Elbrus	gabal elbrus (m)	جبل إلبروس
Monti (m pl) Altai	gebāl altāy (pl)	جبال ألتاي
Tien Shan (m)	gebāl tian ʃan (pl)	جبال تيان شان
Pamir (m)	gebāl bamir (pl)	جبال بامير
Himalaia (m)	himalāya (pl)	هيمالايا
Everest (m)	gabal everest (m)	جبل افرست
Ande (f pl)	gebāl el andīz (pl)	جبال الأنديز
Kilimangiaro (m)	gabal kilimanʒaro (m)	جبل كليمنجارو

129. Fiumi

fiume (m)	nahr (m)	نهر
fonte (f) (sorgente)	'eyn (m)	عين
letto (m) (~ del fiume)	magra el nahr (m)	مجرى النهر
bacino (m)	ḥoḍe (m)	حوض
sfociare nel ...	ṣabb fe ...	صبّ في...
affluente (m)	rāfed (m)	رافد
riva (f)	ḍaffa (f)	ضفّة
corrente (f)	tayār (m)	تيّار
a valle	ma' ettigāh magra el nahr	مع إتّجاه مجرى النهر
a monte	ḍed el tayār	ضد التيار
inondazione (f)	ɣamr (m)	غمر
piena (f)	fayaḍān (m)	فيضان
straripare (vi)	fāḍ	فاض
inondare (vt)	ɣamar	غمر
secca (f)	meyāh ḍaḥla (f)	مياه ضحلة
rapida (f)	monḥadar el nahr (m)	منحدر النهر
diga (f)	sadd (m)	سدّ
canale (m)	qanah (f)	قناة
bacino (m) di riserva	χazzān mā'y (m)	خزّان مائي
chiusa (f)	bawwāba qanṭara (f)	بوّابة قنطرة

specchio (m) d'acqua	berka (f)	بركة
palude (f)	mostanqaʿ (m)	مستنقع
pantano (m)	mostanqaʿ (m)	مستنقع
vortice (m)	dawwāma (f)	دوّامة
ruscello (m)	gadwal (m)	جدوَل
potabile (agg)	el ʃorb	الشرب
dolce (di acqua ~)	ʿazb	عذب
ghiaccio (m)	galīd (m)	جليد
ghiacciarsi (vr)	etgammed	إتجمّد

130. Nomi dei fiumi

Senna (f)	el seyn (m)	السين
Loira (f)	el lua:r (m)	اللوار
Tamigi (m)	el teymz (m)	التيمز
Reno (m)	el rayn (m)	الراين
Danubio (m)	el danūb (m)	الدانوب
Volga (m)	el volga (m)	الفولغا
Don (m)	el done (m)	الدون
Lena (f)	lena (m)	لينا
Fiume (m) Giallo	el nahr el aṣfar (m)	النهر الأصفر
Fiume (m) Azzurro	el yangesty (m)	اليانغستي
Mekong (m)	el mekong (m)	الميكونغ
Gange (m)	el ɣang (m)	الغانج
Nilo (m)	el nīl (m)	النيل
Congo (m)	el kongo (m)	الكونغو
Okavango	okavango (m)	أوكافانجو
Zambesi (m)	el zambizi (m)	الزمبيزي
Limpopo (m)	limbobo (m)	ليمبوبو
Mississippi (m)	el mississibbi (m)	الميسيسيبي

131. Foresta

foresta (f)	ɣāba (f)	غابة
forestale (agg)	ɣāba	غابة
foresta (f) fitta	ɣāba kasīfa (f)	غابة كثيفة
boschetto (m)	bostān (m)	بستان
radura (f)	ezālet el ɣābāt (f)	إزالة الغابات
roveto (m)	agama (f)	أجمة
boscaglia (f)	arāḍy el ʃogayrāt (pl)	أراضي الشجيرات
sentiero (m)	mamarr (m)	ممرّ
calanco (m)	wādy ḍayeʾ (m)	وادي ضيّق
albero (m)	ʃagara (f)	شجرة

foglia (f)	wara'a (f)	ورقة
fogliame (m)	wara' (m)	ورق
caduta (f) delle foglie	tasā'oṭ el awrā' (m)	تساقط الأوراق
cadere (vi)	saqaṭ	سقط
cima (f)	ra's (m)	رأس
ramo (m), ramoscello (m)	ɣoṣn (m)	غصن
ramo (m)	ɣoṣn ra'īsy (m)	غصن رئيسي
gemma (f)	bor'om (m)	برعم
ago (m)	ʃawka (f)	شوكة
pigna (f)	kūz el ṣnowbar (m)	كوز الصنوبر
cavità (f)	gofe (m)	جوف
nido (m)	'eʃ (m)	عشّ
tana (f) (del fox, ecc.)	goḥr (m)	جحر
tronco (m)	gez' (m)	جذع
radice (f)	gezr (m)	جذر
corteccia (f)	leḥā' (m)	لحاء
musco (m)	ṭaḥlab (m)	طحلب
sradicare (vt)	eqtala'	إقتلع
abbattere (~ un albero)	'aṭṭa'	قطّع
disboscare (vt)	azāl el ɣabāt	أزال الغابات
ceppo (m)	gez' el ʃagara (m)	جذع الشجرة
falò (m)	nār moχayem (m)	نار مخيّم
incendio (m) boschivo	ḥarī' ɣāba (m)	حريق غابة
spegnere (vt)	ṭaffa	طفّى
guardia (f) forestale	ḥāres el ɣāba (m)	حارس الغابة
protezione (f)	ḥemāya (f)	حماية
proteggere (~ la natura)	ḥama	حمى
bracconiere (m)	sāre' el ṣeyd (m)	سارق الصيد
tagliola (f) (~ per orsi)	maṣyada (f)	مصيّدة
raccogliere (vt)	gamma'	جمّع
perdersi (vr)	tāh	تاه

132. Risorse naturali

risorse (f pl) naturali	sarawāt ṭabi'iya (pl)	ثروات طبيعيّة
minerali (m pl)	ma'āden (pl)	معادن
deposito (m) (~ di carbone)	rawāseb (pl)	رواسب
giacimento (m) (~ petrolifero)	ḥaql (m)	حقل
estrarre (vt)	estaχrag	إستخرج
estrazione (f)	esteχrāg (m)	إستخراج
minerale (m) grezzo	χām (m)	خام
miniera (f)	mangam (m)	منجم
pozzo (m) di miniera	mangam (m)	منجم
minatore (m)	'āmel mangam (m)	عامل منجم
gas (m)	ɣāz (m)	غاز

gasdotto (m)	xaṭṭ anabīb ɣāz (m)	خطّ أنابيب غاز
petrolio (m)	nafṭ (m)	نفط
oleodotto (m)	anabīb el nafṭ (pl)	أنابيب النفط
torre (f) di estrazione	bīr el nafṭ (m)	بير النفط
torre (f) di trivellazione	ḥaffāra (f)	حفّارة
petroliera (f)	nāqelet betrūl (f)	ناقلة بترول
sabbia (f)	raml (m)	رمل
calcare (m)	ḥagar el kals (m)	حجر الكلس
ghiaia (f)	ḥaṣa (m)	حصى
torba (f)	xaθ faḥm nabāty (m)	خث فحم نباتي
argilla (f)	ṭīn (m)	طين
carbone (m)	faḥm (m)	فحم
ferro (m)	ḥadīd (m)	حديد
oro (m)	dahab (m)	ذهب
argento (m)	faḍḍa (f)	فضّة
nichel (m)	nikel (m)	نيكل
rame (m)	neḥās (m)	نحاس
zinco (m)	zink (m)	زنك
manganese (m)	manganīz (m)	منجنيز
mercurio (m)	ze'baq (m)	زئبق
piombo (m)	roṣāṣ (m)	رصاص
minerale (m)	ma'dan (m)	معدن
cristallo (m)	kristāl (m)	كريستال
marmo (m)	roxām (m)	رخام
uranio (m)	yuranuim (m)	يورانيوم

La Terra. Parte 2

133. Tempo

tempo (m)	ṭa's (m)	طقس
previsione (f) del tempo	naʃra gawiya (f)	نشرة جويّة
temperatura (f)	ḥarāra (f)	حرارة
termometro (m)	termometr (m)	ترمومتر
barometro (m)	barometr (m)	بارومتر
umido (agg)	roṭob	رطب
umidità (f)	roṭūba (f)	رطوبة
caldo (m), afa (f)	ḥarāra (f)	حرارة
molto caldo (agg)	ḥarr	حارّ
fa molto caldo	el gaww ḥarr	الجوّ حرّ
fa caldo	el gaww dafa	الجوّ دفا
caldo, mite (agg)	dāfe'	دافئ
fa freddo	el gaww bāred	الجوّ بارد
freddo (agg)	bāred	بارد
sole (m)	ʃams (f)	شمس
splendere (vi)	nawwar	نوّر
di sole (una giornata ~)	moʃmes	مشمس
sorgere, levarsi (vr)	ʃara'	شرق
tramontare (vi)	ɣarab	غرب
nuvola (f)	saḥāba (f)	سحابة
nuvoloso (agg)	meɣayem	مغيّم
nube (f) di pioggia	saḥābet maṭar (f)	سحابة مطر
nuvoloso (agg)	meɣayem	مغيّم
pioggia (f)	maṭar (m)	مطر
piove	el donia betmaṭṭar	الدنيا بتمطّر
piovoso (agg)	momṭer	ممطر
piovigginare (vi)	maṭṭaret razāz	مطّرت رذاذ
pioggia (f) torrenziale	maṭar monhamer (f)	مطر منهمر
acquazzone (m)	maṭar ɣazīr (m)	مطر غزير
forte (una ~ pioggia)	ʃedīd	شديد
pozzanghera (f)	berka (f)	بركة
bagnarsi (~ sotto la pioggia)	ettbal	إتّبل
foschia (f), nebbia (f)	ʃabbūra (f)	شبّورة
nebbioso (agg)	fih ʃabbūra	فيه شبّورة
neve (f)	talg (m)	ثلج
nevica	fih talg	فيه ثلج

134. Rigide condizioni metereologiche. Disastri naturali

temporale (m)	'āṣefa ra'diya (f)	عاصفة رعدية
fulmine (f)	bar' (m)	برق
lampeggiare (vi)	baraq	برق
tuono (m)	ra'd (m)	رعد
tuonare (vi)	dawa	دوّى
tuona	el samā' dawat ra'd (f)	السماء دوّت رعد
grandine (f)	maṭar bard (m)	مطر برد
grandina	maṭṭaret bard	مطّرت برد
inondare (vt)	ɣamar	غمر
inondazione (f)	fayaḍān (m)	فيضان
terremoto (m)	zelzāl (m)	زلزال
scossa (f)	hazza arḍiya (f)	هزّة أرضية
epicentro (m)	markaz el zelzāl (m)	مركز الزلزال
eruzione (f)	sawarān (m)	ثوّران
lava (f)	ḥomam borkāniya (pl)	حمم بركانية
tromba (f), tornado (m)	e'ṣār (m)	إعصار
tifone (m)	tyfūn (m)	طوفان
uragano (m)	e'ṣār (m)	إعصار
tempesta (f)	'āṣefa (f)	عاصفة
tsunami (m)	tsunāmy (m)	تسونامي
ciclone (m)	e'ṣār (m)	إعصار
maltempo (m)	ṭa's saye' (m)	طقس سئ
incendio (m)	ḥarī' (m)	حريق
disastro (m)	karsa (f)	كارثة
meteorite (m)	nayzek (m)	نيّزك
valanga (f)	enheyār talgy (m)	إنهيار ثلجي
slavina (f)	enheyār talgy (m)	إنهيار ثلجي
tempesta (f) di neve	'āṣefa talgiya (f)	عاصفة ثلجيّة
bufera (f) di neve	'āṣefa talgiya (f)	عاصفة ثلجيّة

Fauna

135. Mammiferi. Predatori

predatore (m)	moftares (m)	مفترس
tigre (f)	nemr (m)	نمر
leone (m)	asad (m)	أسد
lupo (m)	ze'b (m)	ذئب
volpe (m)	ta'lab (m)	ثعلب
giaguaro (m)	nemr amrīky (m)	نمر أمريكي
leopardo (m)	fahd (m)	فهد
ghepardo (m)	fahd ṣayād (m)	فهد صيّاد
pantera (f)	nemr aswad (m)	نمر أسوّد
puma (f)	asad el gebāl (m)	أسد الجبال
leopardo (m) delle nevi	nemr el tolūg (m)	نمر الثلوج
lince (f)	waʃaq (m)	وشق
coyote (m)	qayūṭ (m)	قيوط
sciacallo (m)	ebn 'āwy (m)	ابن آوى
iena (f)	ḍeb' (m)	ضبع

136. Animali selvatici

animale (m)	ḥayawān (m)	حيوان
bestia (f)	waḥʃ (m)	وحش
scoiattolo (m)	sengāb (m)	سنجاب
riccio (m)	qonfoz (m)	قنفذ
lepre (f)	arnab barry (m)	أرنب برّي
coniglio (m)	arnab (m)	أرنب
tasso (m)	ɣarīr (m)	غرير
procione (f)	rakūn (m)	راكون
criceto (m)	hamster (m)	هامستر
marmotta (f)	marmoṭ (m)	مرموط
talpa (f)	χold (m)	خلد
topo (m)	fār (m)	فأر
ratto (m)	gerz (m)	جرذ
pipistrello (m)	χoffāʃ (m)	خفّاش
ermellino (m)	qāqem (m)	قاقم
zibellino (m)	sammūr (m)	سمّور
martora (f)	fara'īāt (m)	فرائيات
donnola (f)	ebn 'ers (m)	ابن عرس
visone (m)	mink (m)	منك

castoro (m)	qondos (m)	قندس
lontra (f)	ta'lab maya (m)	ثعلب الميّة
cavallo (m)	ḥoṣān (m)	حصان
alce (m)	eyl el mūz (m)	أيّل الموظ
cervo (m)	ayl (m)	أيل
cammello (m)	gamal (m)	جمل
bisonte (m) americano	bison (m)	بيسون
bisonte (m) europeo	byson orobby (m)	بيسون أوروبي
bufalo (m)	gamūs (m)	جاموس
zebra (f)	ḥomār waḥʃy (m)	حمار وحشي
antilope (f)	ẓaby (m)	ظبي
capriolo (m)	yaḥmūr orobby (m)	يحمورأوروبي
daino (m)	eyl asmar orobby (m)	أيّل أسمر أوروبي
camoscio (m)	ʃamwah (f)	شامواه
cinghiale (m)	χenzīr barry (m)	خنزير برّي
balena (f)	ḥūt (m)	حوت
foca (f)	foqma (f)	فقمة
tricheco (m)	el kabʿ (m)	الكبع
otaria (f)	foqmet el farā' (f)	فقمة الفراء
delfino (m)	dolfīn (m)	دولفين
orso (m)	dobb (m)	دبّ
orso (m) bianco	dobb 'oṭṭby (m)	دبّ قطبي
panda (m)	banda (m)	باندا
scimmia (f)	'erd (m)	قرد
scimpanzè (m)	ʃimbanzy (m)	شيمبانزي
orango (m)	orangutan (m)	أورنغوتان
gorilla (m)	ɣorella (f)	غوريلا
macaco (m)	'erd el makāk (m)	قرد المكاك
gibbone (m)	gibbon (m)	جيبون
elefante (m)	fīl (m)	فيل
rinoceronte (m)	χartīt (m)	خرتيت
giraffa (f)	zarāfa (f)	زرافة
ippopotamo (m)	faras el nahr (m)	فرس النهر
canguro (m)	kangarū (m)	كانجّارو
koala (m)	el koala (m)	الكوالا
mangusta (f)	nems (m)	نمس
cincillà (f)	ʃenʃīla (f)	شنشيلة
moffetta (f)	ẓerbān (m)	ظربان
istrice (m)	nīṣ (m)	نيص

137. Animali domestici

gatta (f)	'oṭṭa (f)	قطّة
gatto (m)	'oṭṭ (m)	قطّ
cane (m)	kalb (m)	كلب

cavallo (m)	ḥoṣān (m)	حصان
stallone (m)	χeyl faḥl (m)	خيل فحل
giumenta (f)	faras (f)	فرس
mucca (f)	ba'ara (f)	بقرة
toro (m)	sore (m)	ثور
bue (m)	sore (m)	ثور
pecora (f)	χarūf (f)	خروف
montone (m)	kebʃ (m)	كبش
capra (f)	meʿza (f)	معزة
caprone (m)	māʿez zakar (m)	ماعز ذكر
asino (m)	ḥomār (m)	حمار
mulo (m)	baɣl (m)	بغل
porco (m)	χenzīr (m)	خنزير
porcellino (m)	χannūṣ (m)	خنّوص
coniglio (m)	arnab (m)	أرنب
gallina (f)	farχa (f)	فرخة
gallo (m)	dīk (m)	ديك
anatra (f)	baṭṭa (f)	بطّة
maschio (m) dell'anatra	dakar el baṭṭ (m)	ذكر البط
oca (f)	wezza (f)	وزّة
tacchino (m)	dīk rūmy (m)	ديك رومي
tacchina (f)	dīk rūmy (m)	ديك رومي
animali (m pl) domestici	ḥayawānāt dawāgen (pl)	حيوانات دواجن
addomesticato (agg)	alīf	أليف
addomesticare (vt)	rawweḍ	روّض
allevare (vt)	rabba	ربّى
fattoria (f)	mazraʿa (f)	مزرعة
pollame (m)	dawāgen (pl)	دواجن
bestiame (m)	māʃeya (f)	ماشية
branco (m), mandria (f)	qaṭeeʿ (m)	قطيع
scuderia (f)	esṭabl χeyl (m)	إسطبل خيل
porcile (m)	ḥazīret χanazīr (f)	حظيرة الخنازير
stalla (f)	zerībet el ba'ar (f)	زريبة البقر
conigliera (f)	qan el arāneb (m)	قن الأرانب
pollaio (m)	qan el ferāχ (m)	قن الفراخ

138. Uccelli

uccello (m)	ṭā'er (m)	طائر
colombo (m), piccione (m)	ḥamāma (f)	حمامة
passero (m)	ʿaṣfūr dawri (m)	عصفور دوري
cincia (f)	qarqaf (m)	قرقف
gazza (f)	ʿa'ʿa' (m)	عقعق
corvo (m)	ɣorāb aswad (m)	غراب أسود

cornacchia (f)	ɣorāb (m)	غراب
taccola (f)	zāɣ zarʿy (m)	زاغ زرعي
corvo (m) nero	ɣorāb el qeyẓ (m)	غراب القيظ
anatra (f)	baṭṭa (f)	بطّة
oca (f)	wezza (f)	وزّة
fagiano (m)	tadarrog (m)	تدرج
aquila (f)	ʿeqāb (m)	عقاب
astore (m)	el bāz (m)	الباز
falco (m)	ṣaʾr (m)	صقر
grifone (m)	nesr (m)	نسر
condor (m)	kondor (m)	كندور
cigno (m)	el temm (m)	التمّ
gru (f)	karkiya (m)	كركية
cicogna (f)	loqloq (m)	لقلق
pappagallo (m)	babaɣāʾ (m)	ببغاء
colibrì (m)	ṭannān (m)	طنّان
pavone (m)	ṭawūs (m)	طاووس
struzzo (m)	naʿāma (f)	نعامة
airone (m)	belʃone (m)	بلشون
fenicottero (m)	flamingo (m)	فلامينجو
pellicano (m)	bagʿa (f)	بجعة
usignolo (m)	ʿandalīb (m)	عندليب
rondine (f)	el sonūnū (m)	السنونو
tordo (m)	somnet el ḥoqūl (m)	سمنة الحقول
tordo (m) sasello	somna moɣarreda (m)	سمنة مغرّدة
merlo (m)	ʃaḥrūr aswad (m)	شحرور أسود
rondone (m)	semmāma (m)	سمّامة
allodola (f)	qabra (f)	قبرة
quaglia (f)	semmān (m)	سمّان
picchio (m)	naʾār el χaʃab (m)	نقار الخشب
cuculo (m)	weqwāq (m)	وقواق
civetta (f)	būma (f)	بومة
gufo (m) reale	būm orāsy (m)	بوم أوراسي
urogallo (m)	dīk el χalang (m)	ديك الخلنج
fagiano (m) di monte	ṭyhūg aswad (m)	طيهوج أسود
pernice (f)	el ḥagal (m)	الحجل
storno (m)	zerzūr (m)	زرزور
canarino (m)	kanāry (m)	كناري
francolino (m) di monte	ṭyhūg el bondoʾ (m)	طيهوج البندق
fringuello (m)	ʃarʃūr (m)	شرشور
ciuffolotto (m)	deɣnāʃ (m)	دغناش
gabbiano (m)	nawras (m)	نورس
albatro (m)	el qoṭros (m)	القطرس
pinguino (m)	beṭrīq (m)	بطريق

139. Pesci. Animali marini

abramide (f)	abramīs (m)	أبراميس
carpa (f)	ʃabbūṭ (m)	شبّوط
perca (f)	farχ (m)	فرخ
pesce (m) gatto	'armūṭ (m)	قرموط
luccio (m)	karāky (m)	كراكي
salmone (m)	salamon (m)	سلمون
storione (m)	ḥafʃ (m)	حفش
aringa (f)	renga (f)	رنجة
salmone (m)	salamon aṭlasy (m)	سلمون أطلسي
scombro (m)	makerel (m)	ماكريل
sogliola (f)	samak mefalṭah (f)	سمك مفلطح
lucioperca (f)	samak sandar (m)	سمك سندر
merluzzo (m)	el qadd (m)	القد
tonno (m)	tuna (f)	تونة
trota (f)	salamon mera''aṭ (m)	سلمون مرقّط
anguilla (f)	ḥankalīs (m)	حنكليس
torpedine (f)	ra'ād (m)	رعاد
murena (f)	moraya (f)	مورايية
piranha (f)	bīrana (f)	بيرانا
squalo (m)	'erʃ (m)	قرش
delfino (m)	dolfīn (m)	دولفين
balena (f)	ḥūt (m)	حوت
granchio (m)	kaboria (m)	كابوريا
medusa (f)	'andīl el baḥr (m)	قنديل البحر
polpo (m)	aχṭabūṭ (m)	أخطبوط
stella (f) marina	negmet el baḥr (f)	نجمة البحر
riccio (m) di mare	qonfoz el baḥr (m)	قنفذ البحر
cavalluccio (m) marino	ḥoṣān el baḥr (m)	حصان البحر
ostrica (f)	maḥār (m)	محار
gamberetto (m)	gammbary (m)	جمّبري
astice (m)	estakoza (f)	استكوزا
aragosta (f)	estakoza (m)	استاكوزا

140. Anfibi. Rettili

serpente (m)	te'bān (m)	ثعبان
velenoso (agg)	sām	سام
vipera (f)	af'a (f)	أفعى
cobra (m)	kobra (m)	كوبرا
pitone (m)	te'bān byton (m)	ثعبان بايثون
boa (m)	bawā' el 'aṣera (f)	بواء العاصرة
biscia (f)	te'bān el 'oʃb (m)	ثعبان العشب

serpente (m) a sonagli	af'a megalgela (f)	أفعى مجلجلة
anaconda (f)	anakonda (f)	أناكوندا
lucertola (f)	seḥliya (f)	سحليّة
iguana (f)	eɣwana (f)	إغوانة
varano (m)	warl (m)	ورل
salamandra (f)	salamander (m)	سلمندر
camaleonte (m)	ḥerbāya (f)	حرباية
scorpione (m)	'a'rab (m)	عقرب
tartaruga (f)	solḥefah (f)	سلحفاة
rana (f)	ḍeffḍa' (m)	ضفدع
rospo (m)	ḍeffḍa' el ṭeyn (m)	ضفدع الطين
coccodrillo (m)	temsāḥ (m)	تمساح

141. Insetti

insetto (m)	ḥaʃara (f)	حشرة
farfalla (f)	farāʃa (f)	فراشة
formica (f)	namla (f)	نملة
mosca (f)	debbāna (f)	دبّانة
zanzara (f)	namūsa (f)	ناموسة
scarabeo (m)	χonfesa (f)	خنفسة
vespa (f)	dabbūr (m)	دبّور
ape (f)	naḥla (f)	نحلة
bombo (m)	naḥla ṭannāna (f)	نحلة طنّانة
tafano (m)	na'ra (f)	نعرة
ragno (m)	'ankabūt (m)	عنكبوت
ragnatela (f)	nasīg 'ankabūt (m)	نسيج عنكبوت
libellula (f)	ya'sūb (m)	يعسوب
cavalletta (f)	garād (m)	جراد
farfalla (f) notturna	'etta (f)	عثّة
scarafaggio (m)	ṣarṣūr (m)	صرصور
zecca (f)	qarāda (f)	قرادة
pulce (f)	barɣūt (m)	برغوث
moscerino (m)	ba'ūḍa (f)	بعوضة
locusta (f)	garād (m)	جراد
lumaca (f)	ḥalazōn (m)	حلزون
grillo (m)	ṣarṣūr el ḥaql (m)	صرصور الحقل
lucciola (f)	yarā'a (f)	يراعة
coccinella (f)	χonfesa mena'ṭṭa (f)	خنفسة منقّطة
maggiolino (m)	χonfesa motlefa lel nabāt (f)	خنفسة متلّفة للنبات
sanguisuga (f)	'alaqa (f)	علقة
bruco (m)	yasrū' (m)	يسروع
verme (m)	dūda (f)	دودة
larva (f)	yaraqa (f)	يرقة

Flora

142. Alberi

albero (m)	ʃagara (f)	شجرة
deciduo (agg)	nafḍiya	نفضيّة
conifero (agg)	ṣonoberiya	صنوبرية
sempreverde (agg)	dā'emet el χoḍra	دائمة الخضرة
melo (m)	ʃagaret toffāḥ (f)	شجرة تفّاح
pero (m)	ʃagaret komettra (f)	شجرة كمثّرى
ciliegio (m), amareno (m)	ʃagaret karaz (f)	شجرة كرز
prugno (m)	ʃagaret bar'ū' (f)	شجرة برقوق
betulla (f)	batola (f)	بتولا
quercia (f)	ballūṭ (f)	بلّوط
tiglio (m)	zayzafūn (f)	زيزفون
pioppo (m) tremolo	ḥūr rāgef	حور راجف
acero (m)	qayqab (f)	قيقب
abete (m)	rateng (f)	راتينج
pino (m)	ṣonober (f)	صنوبر
larice (m)	arziya (f)	أرزية
abete (m) bianco	tanūb (f)	تنوب
cedro (m)	el orz (f)	الأرز
pioppo (m)	ḥūr (f)	حور
sorbo (m)	ɣobayrā' (f)	غبيراء
salice (m)	ṣefsāf (f)	صفصاف
alno (m)	gār el mā' (m)	جار الماء
faggio (m)	el zān (f)	الزان
olmo (m)	derdar (f)	دردار
frassino (m)	marān (f)	مران
castagno (m)	kastanā' (f)	كستناء
magnolia (f)	maɣnolia (f)	ماغنوليا
palma (f)	naχla (f)	نخلة
cipresso (m)	el soro (f)	السرو
mangrovia (f)	mangrūf (f)	مانجروف
baobab (m)	baobab (f)	باوباب
eucalipto (m)	eukalyptus (f)	أوكاليتوس
sequoia (f)	sequoia (f)	سيكويا

143. Arbusti

cespuglio (m)	ʃogeyra (f)	شجيرة
arbusto (m)	ʃogayrāt (pl)	شجيرات

vite (f)	karma (f)	كرمة
vigneto (m)	karam (m)	كرم
lampone (m)	zar'et tūt el 'alī' el aḥmar (f)	زرعة توت العليق الأحمر
ribes (m) rosso	keʃmeʃ aḥmar (m)	كشمش أحمر
uva (f) spina	'enab el sa'lab (m)	عنب الثعلب
acacia (f)	aqaqia (f)	أقاقيا
crespino (m)	berbarīs (m)	برباريس
gelsomino (m)	yasmīn (m)	ياسمين
ginepro (m)	'ar'ar (m)	عرعر
roseto (m)	ʃogeyret ward (f)	شجيرة ورد
rosa (f) canina	ward el seyāg (pl)	ورد السياج

144. Frutti. Bacche

frutto (m)	tamra (f)	تمرة
frutti (m pl)	tamr (m)	تمر
mela (f)	toffāḥa (f)	تفّاحة
pera (f)	komettra (f)	كمّثرى
prugna (f)	bar'ū' (m)	برقوق
fragola (f)	farawla (f)	فراولة
amarena (f), ciliegia (f)	karaz (m)	كرز
uva (f)	'enab (m)	عنب
lampone (m)	tūt el 'alī' el aḥmar (m)	توت العليق الأحمر
ribes (m) nero	keʃmeʃ aswad (m)	كشمش أسود
ribes (m) rosso	keʃmeʃ aḥmar (m)	كشمش أحمر
uva (f) spina	'enab el sa'lab (m)	عنب الثعلب
mirtillo (m) di palude	'enabiya ḥāda el χebā' (m)	عنبية حادة الخباء
arancia (f)	bortoqāl (m)	برتقال
mandarino (m)	yosfy (m)	يوسفي
ananas (m)	ananās (m)	أناناس
banana (f)	moze (m)	موز
dattero (m)	tamr (m)	تمر
limone (m)	lymūn (m)	ليمون
albicocca (f)	meʃmeʃ (f)	مشمش
pesca (f)	χawχa (f)	خوخة
kiwi (m)	kiwi (m)	كيوي
pompelmo (m)	grabe frūt (m)	جريب فروت
bacca (f)	tūt (m)	توت
bacche (f pl)	tūt (pl)	توت
mirtillo (m) rosso	'enab el sore (m)	عنب الثور
fragola (f) di bosco	farawla barriya (f)	فراولة بريّة
mirtillo (m)	'enab al aḥrāg (m)	عنب الأحراج

145. Fiori. Piante

fiore (m)	zahra (f)	زهرة
mazzo (m) di fiori	bokeyh (f)	بوكيه
rosa (f)	warda (f)	وردة
tulipano (m)	tolīb (f)	توليب
garofano (m)	ʾoronfol (m)	قرنفل
gladiolo (m)	el dalbūs (f)	الدَلَبُوثُ
fiordaliso (m)	qanṭeryūn ʿanbary (m)	قنطريون عنبري
campanella (f)	garīs mostadīr el awrāʾ (m)	جريس مستدير الأوراق
soffione (m)	handabāʾ (f)	هندباء
camomilla (f)	kamomile (f)	كاموميل
aloe (m)	el alowa (m)	الألوّة
cactus (m)	ṣabbār (m)	صبّار
ficus (m)	faykas (m)	فيّكس
giglio (m)	zanbaq (f)	زنبق
geranio (m)	ɣarnūqy (f)	غرنوقي
giacinto (m)	el lavender (f)	اللافندر
mimosa (f)	mimoza (f)	ميموزا
narciso (m)	nerges (f)	نرجس
nasturzio (m)	abo χangar (f)	أبو خنجر
orchidea (f)	orkid (f)	أوركيد
peonia (f)	fawnia (f)	فاوانيا
viola (f)	el banafseg (f)	البنفسج
viola (f) del pensiero	bansy (f)	بانسي
nontiscordardimé (m)	ʾāzān el faʾr (pl)	آذان الفأر
margherita (f)	aqwaḥān (f)	أقحوان
papavero (m)	el χoʃχāʃ (f)	الخشخاش
canapa (f)	qanb (m)	قنب
menta (f)	neʿnāʿ (m)	نعناع
mughetto (m)	zanbaq el wādy (f)	زنبق الوادي
bucaneve (m)	zahrat el laban (f)	زهرة اللبن
ortica (f)	ʾarrāṣ (m)	قرّاص
acetosa (f)	ḥammāḍ bostāny (m)	حمّاض بستاني
ninfea (f)	niloferiya (f)	نيلوفرية
felce (f)	sarχas (m)	سرخس
lichene (m)	aʃna (f)	أشنة
serra (f)	ṣoba (f)	صوبة
prato (m) erboso	ʿoʃb aχḍar (m)	عشب أخضر
aiuola (f)	geneynet zohūr (f)	جنينة زهور
pianta (f)	nabāt (m)	نبات
erba (f)	ʿoʃb (m)	عشب
filo (m) d'erba	ʿoʃba (f)	عشبة

foglia (f)	wara'a (f)	ورقة
petalo (m)	wara'et el zahra (f)	ورقة الزهرة
stelo (m)	sāq (f)	ساق
tubero (m)	darna (f)	درنة
germoglio (m)	nabta saɣīra (f)	نبتة صغيرة
spina (f)	ʃawka (f)	شوكة
fiorire (vi)	fattaḥet	فتّحت
appassire (vi)	debel	ذبل
odore (m), profumo (m)	rīḥa (f)	ريحة
tagliare (~ i fiori)	'aṭa'	قطع
cogliere (vt)	'aṭaf	قطف

146. Cereali, granaglie

grano (m)	ḥobūb (pl)	حبوب
cereali (m pl)	maḥaṣīl el ḥubūb (pl)	محاصيل الحبوب
spiga (f)	sonbola (f)	سنبلة
frumento (m)	'amḥ (m)	قمح
segale (f)	ʃelm mazrū' (m)	شيلم مزروع
avena (f)	ʃofān (m)	شوفان
miglio (m)	el deχn (m)	الدُخن
orzo (m)	ʃe'īr (m)	شعير
mais (m)	dora (f)	ذرة
riso (m)	rozz (m)	رز
grano (m) saraceno	ḥanṭa soda' (f)	حنطة سوداء
pisello (m)	besella (f)	بسلّة
fagiolo (m)	faṣolya (f)	فاصوليا
soia (f)	fūl el ṣoya (m)	فول الصويا
lenticchie (f pl)	'ads (m)	عدس
fave (f pl)	fūl (m)	فول

PAESI. NAZIONALITÀ

147. Europa occidentale

Europa (f)	orobba (f)	أوروبّا
Unione (f) Europea	el etteḥād el orobby (m)	الإتّحاد الأوروبّي
Austria (f)	el nemsa (f)	النمسا
Gran Bretagna (f)	briṭaniya el 'ozma (f)	بريطانيا العظمى
Inghilterra (f)	engeltera (f)	إنجلترا
Belgio (m)	balʒīka (f)	بلجيكا
Germania (f)	almānya (f)	ألمانيا
Paesi Bassi (m pl)	holanda (f)	هولندا
Olanda (f)	holanda (f)	هولندا
Grecia (f)	el yunān (f)	اليونان
Danimarca (f)	el denmark (f)	الدنمارك
Irlanda (f)	irelanda (f)	أيرلندا
Islanda (f)	'āyslanda (f)	آيسلندا
Spagna (f)	asbānya (f)	إسبانيا
Italia (f)	eṭālia (f)	إيطاليا
Cipro (m)	'obroṣ (f)	قبرص
Malta (f)	malṭa (f)	مالطا
Norvegia (f)	el nerwīg (f)	النرويج
Portogallo (f)	el bortoɣāl (f)	البرتغال
Finlandia (f)	finlanda (f)	فنلندا
Francia (f)	faransa (f)	فرنسا
Svezia (f)	el sweyd (f)	السويد
Svizzera (f)	swesra (f)	سويسرا
Scozia (f)	oskotlanda (f)	اسكتلندا
Vaticano (m)	el vatikān (m)	الفاتيكان
Liechtenstein (m)	liʃtenʃtayn (m)	ليشتنشتاين
Lussemburgo (m)	luksemburg (f)	لوكسمبورج
Monaco (m)	monako (f)	موناكو

148. Europa centrale e orientale

Albania (f)	albānia (f)	ألبانيا
Bulgaria (f)	bolɣāria (f)	بلغاريا
Ungheria (f)	el magar (f)	المجر
Lettonia (f)	latvia (f)	لاتفيا
Lituania (f)	litwānia (f)	ليتوانيا
Polonia (f)	bolanda (f)	بولندا

Romania (f)	romānia (f)	رومانيا
Serbia (f)	ṣerbia (f)	صربيا
Slovacchia (f)	slovākia (f)	سلوفاكيا
Croazia (f)	kroātya (f)	كرواتيا
Repubblica (f) Ceca	gomhoriya el tʃīk (f)	جمهورية التشيك
Estonia (f)	estūnia (f)	إستونيا
Bosnia-Erzegovina (f)	el bosna wel harsek (f)	البوسنة والهرسك
Macedonia (f)	maqdūnia (f)	مقدونيا
Slovenia (f)	slovenia (f)	سلوفينيا
Montenegro (m)	el gabal el aswad (m)	الجبل الأسوّد

149. Paesi dell'ex Unione Sovietica

Azerbaigian (m)	azrabiʒān (m)	أذربيجان
Armenia (f)	armīnia (f)	أرمينيا
Bielorussia (f)	belarūsia (f)	بيلاروسيا
Georgia (f)	ʒorʒia (f)	جورجيا
Kazakistan (m)	kazaχistān (f)	كازاخستّان
Kirghizistan (m)	qirɣizestān (f)	قيرغيزستان
Moldavia (f)	moldāvia (f)	مولدافيا
Russia (f)	rūsya (f)	روسيا
Ucraina (f)	okrānia (f)	أوكرانيا
Tagikistan (m)	ṭaʒīkistan (f)	طاجيكستان
Turkmenistan (m)	turkmānistān (f)	تركمانستان
Uzbekistan (m)	uzbakistān (f)	أوزبكستان

150. Asia

Asia (f)	asya (f)	آسيا
Vietnam (m)	vietnām (f)	فيتنام
India (f)	el hend (f)	الهند
Israele (m)	isra'īl (f)	إسرائيل
Cina (f)	el ṣīn (f)	الصين
Libano (m)	lebnān (f)	لبنان
Mongolia (f)	manɣūlia (f)	منغوليا
Malesia (f)	malīzya (f)	ماليزيا
Pakistan (m)	bakistān (f)	باكستان
Arabia Saudita (f)	el so'odiya (f)	السعوديّة
Tailandia (f)	tayland (f)	تايلاند
Taiwan (m)	taywān (f)	تايوان
Turchia (f)	turkia (f)	تركيا
Giappone (m)	el yabān (f)	اليابان
Afghanistan (m)	afɣanistan (f)	أفغانستان
Bangladesh (m)	bangladeʃ (f)	بنجلاديش

Indonesia (f)	indonisya (f)	إندونيسيا
Giordania (f)	el ordon (m)	الأردن
Iraq (m)	el ʿerāq (m)	العراق
Iran (m)	iran (f)	إيران
Cambogia (f)	kambodya (f)	كمبوديا
Kuwait (m)	el kuweyt (f)	الكويت
Laos (m)	laos (f)	لاوس
Birmania (f)	myanmar (f)	ميانمار
Nepal (m)	nebāl (f)	نيبال
Emirati (m pl) Arabi	el emārāt el ʿarabiya el mottaḥeda (pl)	الإمارات العربية المتّحدة
Siria (f)	soria (f)	سوريا
Palestina (f)	felesṭīn (f)	فلسطين
Corea (f) del Sud	korea el ganūbiya (f)	كوريا الجنوبيّة
Corea (f) del Nord	korea el ʃamāliya (f)	كوريا الشماليّة

151. America del Nord

Stati (m pl) Uniti d'America	el welayāt el mottaḥda el amrīkiya (pl)	الولايات المتّحدة الأمريكيّة
Canada (m)	kanada (f)	كندا
Messico (m)	el maksīk (f)	المكسيك

152. America centrale e America del Sud

Argentina (f)	arʒantīn (f)	الأرجنتين
Brasile (m)	el barazīl (f)	البرازيل
Colombia (f)	kolombia (f)	كولومبيا
Cuba (f)	kūba (f)	كوبا
Cile (m)	tʃīly (f)	تشيلي
Bolivia (f)	bolivia (f)	بوليفيا
Venezuela (f)	venzweyla (f)	فنزويلا
Paraguay (m)	baraguay (f)	باراجواي
Perù (m)	beru (f)	بيرو
Suriname (m)	surinam (f)	سورينام
Uruguay (m)	uruguay (f)	أوروجواي
Ecuador (m)	el equador (f)	الإكوادور
Le Bahamas	gozor el bahāmas (pl)	جزر الباهاماس
Haiti (m)	haīti (f)	هايتي
Repubblica (f) Dominicana	gomhoriya el dominikan (f)	جمهوريّة الدومينيكان
Panama (m)	banama (f)	بنما
Giamaica (f)	ʒamayka (f)	جامايكا

153. Africa

Egitto (m)	maṣr (f)	مصر
Marocco (m)	el maɣreb (m)	المغرب
Tunisia (f)	tunis (f)	تونس
Ghana (m)	ɣana (f)	غانا
Zanzibar	zanʒibār (f)	زنجبار
Kenya (m)	kenya (f)	كينيا
Libia (f)	libya (f)	ليبيا
Madagascar (m)	madaɣaʃkar (f)	مدغشقر
Namibia (f)	namibia (f)	ناميبيا
Senegal (m)	el senɣāl (f)	السنغال
Tanzania (f)	tanznia (f)	تنزانيا
Repubblica (f) Sudafricana	afreqia el ganūbiya (f)	أفريقيا الجنوبيّة

154. Australia. Oceania

Australia (f)	ostorālya (f)	أستراليا
Nuova Zelanda (f)	nyu zelanda (f)	نيوزيلندا
Tasmania (f)	tasmania (f)	تاسمانيا
Polinesia (f) Francese	bolenezia el faransiya (f)	بولينزيا الفرنسيّة

155. Città

L'Aia	lahāy (f)	لاهاى
Amburgo	hamburg (m)	هامبورج
Amsterdam	amesterdam (f)	امستردام
Ankara	ankara (f)	أنقرة
Atene	atīna (f)	أثينا
L'Avana	havana (f)	هافانا
Baghdad	baɣdād (f)	بغداد
Bangkok	bangkok (f)	بانكوك
Barcellona	barʃelona (f)	برشلونة
Beirut	beyrut (f)	بيروت
Berlino	berlin (f)	برلين
Bombay, Mumbai	bombay (f)	بومباى
Bonn	bonn (f)	بون
Bordeaux	bordu (f)	بوردو
Bratislava	bratislava (f)	براتيسلافا
Bruxelles	broksel (f)	بروكسل
Bucarest	buxarest (f)	بوخارست
Budapest	budabest (f)	بودابست
Il Cairo	el qahera (f)	القاهرة
Calcutta	kalkutta (f)	كلكتا
Chicago	ʃikāgo (f)	شيكاجو

Città del Messico	madīnet meksiko (f)	مدينة مكسيكو
Copenaghen	kobenhāgen (f)	كوبنهاجن
Dar es Salaam	dar el salām (f)	دار السلام
Delhi	delhi (f)	دلهي
Dubai	dubaī (f)	دبي
Dublino	dablin (f)	دبلن
Düsseldorf	dusseldorf (f)	دوسلدورف
Firenze	florensa (f)	فلورنسا
Francoforte	frankfurt (f)	فرانكفورت
Gerusalemme	el qods (f)	القدس
Ginevra	ʒenive (f)	جنيف
Hanoi	hanoy (f)	هانوى
Helsinki	helsinki (f)	هلسنكي
Hiroshima	hiroʃima (f)	هيروشيما
Hong Kong	hong kong (f)	هونج كونج
Istanbul	isṭanbul (f)	إسطنبول
Kiev	kyiv (f)	كييف
Kuala Lumpur	kuala lumpur (f)	كوالالمبور
Lione	lyon (f)	ليون
Lisbona	laʃbūna (f)	لشبونة
Londra	london (f)	لندن
Los Angeles	los anʒeles (f)	لوس أنجلوس
Madrid	madrīd (f)	مدريد
Marsiglia	marsilia (f)	مرسيليا
Miami	mayami (f)	ميامي
Monaco di Baviera	muniχ (f)	ميونخ
Montreal	montreal (f)	مونتريال
Mosca	moskū (f)	موسكو
Nairobi	nayrobi (f)	نيروبي
Napoli	naboli (f)	نابولي
New York	nyu york (f)	نيويورك
Nizza	nīs (f)	نيس
Oslo	oslo (f)	أوسلو
Ottawa	ottawa (f)	أوتاوا
Parigi	baris (f)	باريس
Pechino	bekīn (f)	بيكين
Praga	braɣ (f)	براغ
Rio de Janeiro	rio de ʒaneyro (f)	ريو دي جانيرو
Roma	roma (f)	روما
San Pietroburgo	sant betersburɣ (f)	سانت بطرسبرغ
Seoul	seūl (f)	سيول
Shanghai	ʃanghay (f)	شنجهاي
Sidney	sydney (f)	سيدني
Singapore	sinɣafūra (f)	سنغافورة
Stoccolma	stokχolm (f)	ستوكهولم
Taipei	taybey (f)	تايبيه
Tokio	ṭokyo (f)	طوكيو

Toronto	toronto (f)	تورونتو
Varsavia	warsaw (f)	وارسو
Venezia	venesya (f)	فينيسيا
Vienna	vienna (f)	فيينا
Washington	waʃinṭon (f)	واشنطن

www.ingramcontent.com/pod-product-compliance
Lightning Source LLC
Chambersburg PA
CBHW070600050426
42450CB00011B/2921
* 9 7 8 1 7 8 7 1 6 7 5 0 6 *